CALLWEY

JOHANN LAFER
HORST LICHTER

10 JAHRE

LAFER!
LICHTER!
LECKER!

Unsere Lieblingsrezepte

DAS JUBILÄUMSBUCH

REZEPTFOTOGRAFIE VON DANIEL ESSWEIN

ZDF

CALLWEY

Inhalt

VORWORT 7
VON HUBERTUS MEYER-BURCKHARDT

VORWORT 9
VON HORST UND JOHANN

Was Kleines vorwech 12

Kleine Gaumenkitzler 28

Häppchen für zwischendurch 44

Feines aus dem Wasser 62

Klassiker aufgelafert 80

Fleisch satt 98

Exotisches 116

Typisch Horst 134

Süße Leckerschen und Eis 152

Süßes Finale 168

HINTER DEN KULISSEN 184

REGISTER 188

Lichter's

Vorwort

VON HUBERTUS MEYER-BURCKHARDT

Lieber Johann, lieber Horst,
mit Liebespaaren im Showbusiness ist es so eine Sache. Sie heiraten, und die BUNTE schaut zu, und wenn es nach meist wenigen Jahren zum Scheidungsrichter geht, dann darf man sich wiederum getrost darauf verlassen, dass die Kollegen aus München zur Stelle sind. „Wer uns dabeihaben will, wenn der Fahrstuhl nach oben geht, hat uns auch dabei, wenn es wieder abwärts geht“, hat einst der große BILD-Zeitungsmacher Hans-Hermann Tiedje zu Protokoll gegeben. Und recht hat er. Die großen Männerpaare aus dem Bereich Sport, Spiel und Spannung sind da wesentlich stabiler angelegt: Netzer und Delling, Simon and Garfunkel, Wum und Wendelin bzw. deren konsequente Verlängerung in die Neuzeit: Joko und Klaas.

Aber warum ist das so? Nun, es liegt auf der Hand: kein Sex, keine Erotik, keine übersteigerten Erwartungen an den anderen. Stattdessen Respekt und Humor, gepaart mit der Überzeugung, dass man die Aura des anderen nicht stören darf. Diese in der Ehe gemeinhin missachteten Regeln wendet das Traumpaar der deutschen kulinarischen Fernsehunterhaltung, Lichter und Lafer, in einer solchen Perfektion an, dass es jeden Paartherapeuten arbeitslos macht. Sie sind Salz und Pfeffer des Zweiten Deutschen Fernsehens! Was Karius und Baktus bzw. Aronal und Elmex für die Zähne sind, sind Lichter und Lafer für den Magen. Lichter ohne Lafer ist wie Black ohne Decker. Lafer ohne Lichter wie C ohne A. Und mein Samstagnachmittag ohne die beiden … mein Gott, wie Martini ohne Olive. Nein, schlimmer noch: wie Olive ohne Martini.

Einige Male hatte ich die Ehre und die Freude, ihr Gast zu sein. Es war Lebensfreude pur, ein Feiern des Moments, eine Hommage an das Leben. Sicher, sie sind nicht mehr die Jüngsten, sozusagen die appetitliche Antwort auf Fred Feuerstein und Barney Geröllheimer. Aber sie sind auch die personifizierte Dialektik, der Widerspruch in Person. Und eine dieser dialektischen Erkenntnisse ist: Wenn wir jung sind, wollen wir schnell erwachsen werden, wenn wir erwachsen sind, wollen wir ewig jung bleiben. Und in diesem Sinne sage ich: Lasst diese beiden wunderbaren erfahrenen Jungköche lebenslänglich vor der Kamera. Lasst sie kochen bis zum Ende dieser Tage. Ich übernehme gern in jeder Sendung den Abwasch. Es wäre mir eine Ehre.

Euer
Hubertus
Meyer-Burckhardt

(Für dich, lieber Horst, der du dir meinen Vornamen nie merken wolltest: dein Burkhard)

LAFER

Vorwort

VON HORST UND JOHANN

Liebe *Lafer! Lichter! Lecker!*-Leser, -Seher, -Fans, -Freunde,

Horst: Dat is nett, was der Burkhard da eben geschrieben hat ...

Johann: Der Mann heißt Hubertus und ist einer der gebildetsten Menschen seiner Zunft.

Horst: Wie du, Johann. Vor elf Jahren hab ich dich noch wie bekloppt bewundert, und auf einmal standst du in einem Fernsehstudio dauernd neben mir!

Johann: Du standst ja auch oft genug während unserer Sendung neben dir (lacht).

Horst: Das war ja ein wenig, als hätte eines Tages ein Groupie von Boris Becker mit ihm in Wimbledon im Mixed auf dem Platz gestanden.

Johann: Du schmeichelst mir, aber es ist auch wirklich eine Erwähnung wert, wie sehr dieser Groupie sich zu einem Großen seiner Zunft entwickelt hat.

Horst: Umso toller, dass wir uns nach zehn Jahren mit diesem besonderen Buch so richtig austoben können. Wollen wir dem/r Leser(in), mal erklären, was wir uns hierbei gedacht haben?

Johann: Wir beide haben uns zusammengesetzt und uns den Ordner genommen mit allen Sendungen der letzten zehn Jahre.

Horst: Und dann haben wir uns überlegt, was wir eigentlich typisch für die Kochkunst des anderen finden, und haben die Rezepte des anderen in von uns benannte Kategorien gepackt ...

Johann: Und dann haben wir uns aus jeder Rubrik unsere absoluten Lieblingsrezepte des anderen herausgesucht.

Horst: Ich teile Johanns grandioses und göttliches künstlerisches Schaffen am Herd in folgende Kapitel ein: *Was Kleines vorwech, Häppchen für zwischendurch, Klassiker aufgelafert, Exotisches* sowie *Süße Leckerschen und Eis*, wobei Sie anmerken werden, dass ja Eis immer auch ein süßes Leckerschen ist, mir aber wichtig ist, dass Johann seine Eismaschine noch lieber hat als mich.

Johann: Ich nenne meine verschiedenen Horst-Kapitel *Kleine Gaumenkitzler, Feines aus dem Wasser, Fleisch satt, Typisch Horst* und *Süßes Finale*. Ich will das gar nicht weiter begründen, nur so viel: Es gibt sie eben, die typische Horst-Küche. Das hat gar nichts mit Butter und Sahne zu tun, sondern eher mit bodenständig und saulecker!

Horst: Sie sehen schon, wir schmieren uns hier 'ne Menge Honig um unsere wohlgeformten Bärte. Aber nach zehn Jahren weiß man genau, was man an der Küche des anderen mag.

Johann: Deswegen haben wir auch zu jedem Rezept in der Einleitung geschrieben, warum wir genau dieses ausgewählt haben.

Horst: Noch nie haben wir verraten, was wir an dem anderen so schätzen.

Johann: Noch Fragen, Horst?

Horst: Wer ist eigentlich dieser Hubertus?

Johann und ich werden immer gefragt, wer von uns die Kinder kriegt. Aber dazu sagen wir nichts.

Dieser Mann ist Leben, Liebe, Leidenschaft.

Ich will einfach nur glücklich bleiben mit meinem Horst!

Liebe Bürgerinnen und Bürger, es geschehen noch Wunder. Er hat es geschafft. Der Horst hat heute sensationell gekocht.

er hat die Kokosmilch geklaut?
Wo ist die Kokosmilch? Wo ist die Kokosmilch?

Mit meinem Gesicht wäre ich im Radio gut aufgehoben.

ist wie unsere Beziehung insge-
mt: Ich koche alles nach Gefühl, und du brauchst Rezepte.
Ich habe das Gefühl, du hast keinen Plan von dem, was du da machst!

Was Kleines vorwech

Als Johann mir in einer der ersten Sendungen erzählte, dass er an diesem Tag zunächst ein Hors d'œuvre servieren würde, war ich gespannt. Auch wenn ich zunächst enttäuscht war, dass ich statt Pferd eine Garnele auf meinem Teller vorfand – mit der überschaubaren Portionsgröße konnte er mich nicht schockieren. Ich dachte: „Genau das macht einen Sternekoch aus, am Anfang gibt's immer was Kleines vorwech!"

Linsensalat

MIT ZIEGENFRISCHKÄSE UND GRANATAPFEL

Horst: Ich mag es, wenn sich ein Küchengott wie Johann mit so bodenständigen Zutaten wie Linsen oder Ziegenkäse beschäftigt … und sie mithilfe eines Granatapfels veredelt. Außerdem finde ich es immer bewundernswert, wie er die Kerne aus dem Granatapfel klopft: wie ein besonders schlauer Arzt, der dem Patienten durch Klopfen auf das Knie beweisen will, dass er noch Reflexe hat.

FÜR 4 PERSONEN

je 80 g gelbe und rote Linsen
80 g Belugalinsen
150 g Kirschtomaten
2 Stangen Staudensellerie
1 Granatapfel
1 Bund Schnittlauch
4 EL weißer Aceto balsamico
3 EL Olivenöl • 1 EL Honig
Salz • Pfeffer aus der Mühle

200 g fester Ziegenfrischkäse
1 Bio-Zitrone • ½ TL Koriander-körner • ½ TL Kreuzkümmel

1 Bund gemischte Kräuter
50 g Sesam
1 EL Schwarzkümmel
100 g Erdnusskerne, fein gehackt

GEKOCHT MIT MARESA HÖRBIGER

Die Linsen, nach Sorte jeweils knapp mit Wasser bedeckt, laut Packungsangabe bissfest kochen. Anschließend abgießen und beide Sorten zusammen in eine Schüssel geben.

Kirschtomaten waschen und vierteln. Den Staudensellerie waschen, Fäden abziehen und fein würfeln. Den Granatapfel am Blütenende flach abschneiden, die Schale einritzen und den Granatapfel aufbrechen. Durch Klopfen auf die Schale die Kerne herauslösen. Den Schnittlauch fein schneiden und alles zusammen zu den Linsen geben. Den Salat mit Aceto balsamico, Olivenöl, Honig, Salz und Pfeffer abschmecken.

Den Ziegenfrischkäse in eine Schüssel geben. Die Zitrone heiß abspülen, trocken reiben und die Schale über den Ziegenfrischkäse reiben. Den Saft dazupressen. Koriander und Kreuzkümmel in einer Pfanne ohne Fett kurz anrösten, im Mörser zerstoßen und ebenfalls dazugeben. Den Ziegenfrischkäse mit Salz und Pfeffer würzen und mit einer Gabel vermengen. Mit leicht angefeuchteten Händen kleine Bällchen aus dem Käse formen und im Kühlschrank kalt stellen.

Die Kräuter abbrausen, trocken tupfen, fein hacken und auf einen flachen Teller geben. Sesam und Schwarzkümmel mischen und auf einen zweiten Teller geben. Die Erdnüsse ebenfalls auf einem Teller verteilen. Jeweils ein Drittel der Bällchen in den Kräutern, dem Sesam bzw. den Erdnüssen wälzen. Den Linsensalat auf einer Platte anrichten. Die Käsebällchen darauf anrichten.

„Unsere Beziehung ist einfach erklärt: Ich mache die Wäsche, Johann kocht!“

Taleggioröllchen
AUF FENCHEL-ZWIEBEL-CHUTNEY

Horst: Es gibt ja Menschen, die kann man mit Fenchel weiter weg jagen als den Vampir in der Nachbarschaft mit Knoblauch. Insofern rate ich immer: Kommt Besuch zum Essen, den man nicht so gern mag – machen Sie was mit Fenchel! Vielleicht kommt der dann so schnell nicht wieder. Ich liebe Fenchel. Wenn Sie mich mal einladen wollen, komme ich immer wieder, wenn Sie ihn servieren.

FÜR 4 PERSONEN

2 Eier
12 Frühlingsrollenblätter
480 g Taleggio
Butterschmalz

1 Fenchelknolle
1 große rote Zwiebel
80 g Zucker
10 g Ingwer
1 Knoblauchzehe
1 Lorbeerblatt
2 Zimtstangen
3 Gewürznelken
2 Sternanis
Chili aus der Mühle
70 ml Weißweinessig
150 ml Weißwein

200 g Rucola
Olivenöl
Essig
Salz
Pfeffer aus der Mühle
Honig

Kerbel zum Garnieren

Die Eier trennen und die Eiweiße verquirlen. Die Ränder der Frühlingsrollenblätter mit etwas verquirltem Eiweiß bestreichen. Den Taleggio in 12 längliche Stücke teilen. Je 1 Stück Käse auf ein Frühlingsrollenblatt geben, die Ränder einschlagen und den Teig einrollen. Etwas Butterschmalz in einer Pfanne zerlassen und die Röllchen darin ausbacken.

Für das Fenchel-Zwiebel-Chutney den Fenchel und die Zwiebel vierteln und in feine Streifen schneiden. Zucker in einer Pfanne karamellisieren. Den Ingwer reiben und den Knoblauch in kleine Würfel schneiden. Fenchel- und die Zwiebelstreifen in die Pfanne geben und kurz anschwitzen. Restliche Gewürze sowie Essig und Wein dazugeben und alles zusammen köcheln lassen, bis eine marmeladenähnliche Konsistenz entsteht. Abkühlen lassen.

Den Rucola putzen und mit Olivenöl und Essig marinieren. Mit Salz und Pfeffer würzen.

Das Fenchel-Zwiebel-Chutney kreisförmig auf Tellern anrichten. Den Rucolasalat in die Mitte geben und mit etwas Honig beträufeln. Mit einigen Kerbelzweigen garnieren.

GEKOCHT MIT JENNY JÜRGENS

Kartoffel-Steinpilz-Suppe

MIT WACHTELBRUST UND WALNUSSCROÛTONS

Horst: Die Wachtel ist ja auch so ein Sternekoch-Lieblingstier. Wo meinereins eher von einer saftigen Putenbrust oder Hähnchenkeule träumt, da greift der liebe Johann zu Europas kleinstem Hühnervogel. Das Ding ist nur, dass der kleine Vogel, von Sternehand zubereitet, seinen Geschmack durch das Bad in der Steinpilzsuppe wirklich vortrefflich vollendet.

FÜR 4 PERSONEN

20 g getrocknete Steinpilze
400 g mehligkochende Kartoffeln
2 Schalotten
60 g Butter
50 ml weißer Portwein
700 ml Gemüsebrühe
2 EL Olivenöl

4 Wachtelbrüste
je 2 Zweige Thymian und Rosmarin
1 Knoblauchzehe
Salz
Pfeffer und Chili aus der Mühle
100 g Sahne
3 Scheiben Walnussbrot

Kerbel zum Garnieren

Steinpilze in reichlich Wasser 2 Stunden einweichen. Kartoffeln waschen, schälen und klein schneiden. Schalotten abziehen und klein würfeln.

Die Hälfte der Butter in einem Topf erhitzen. Schalotten, gut abgetropfte Steinpilze und Kartoffeln darin anschwitzen. Mit Portwein ablöschen und die Gemüsebrühe angießen. 20 Minuten köcheln lassen.

Den Backofen auf 150° C Ober-/Unterhitze vorheizen. Das Olivenöl in einer Pfanne erhitzen und die Wachtelbrüste auf der Hautseite 2–3 Minuten anbraten. Kräuter und Knoblauch, ungeschält und halbiert, mit in die Pfanne geben. Alles auf einem Backblech verteilen und 15 Minuten im Backofen ziehen lassen.

Die Suppe fein pürieren, mit Salz, Pfeffer und Chili abschmecken. Die Sahne steif schlagen und unter die Suppe rühren. Das Brot in kleine Würfel schneiden und in der restlichen Butter knusprig ausbacken. Mit Salz und Pfeffer würzen. Wachtelbrüste aus dem Ofen nehmen, mit Salz und Pfeffer würzen und in Scheiben schneiden. Die Suppe in tiefen Tellern anrichten. Wachtelbrüste und Croûtons in der Suppe servieren. Mit einigen Kerbelzweigen garnieren.

Vitello tonnato

EINMAL ANDERS

Horst: Auch, wenn ich es irgendwie seltsam finde, eine Fischmayo zu Fleisch zu servieren, wundere ich mich immer wieder, wie sehr ich diesen italienischen Klassiker doch mag.

FÜR 4 PERSONEN

1 Ciabatta-Brot, vom Vortag
20 g Butter
300 g Kalbsfilet, am Stück
300 g Thunfischfilet, Sushi-Qualität

1 Bio-Zitrone
2 Eier
1 TL Senf
125 ml Öl
Salz
Pfeffer aus der Mühle
1 Bund glatte Petersilie
1 EL Kapern
2 Sardellen
100 g Joghurt
100 g Oliven-Tapenade

einige kleine Salatblätter zum Garnieren

Den Backofen auf 180° C Ober-/Unterhitze vorheizen. Das Ciabatta-Brot in dünne Scheiben schneiden (Tipp: eine Aufschnittmaschine benutzen). Die Scheiben 5–7 Minuten im Backofen rösten.

Die Butter in einer Pfanne erhitzen und das Kalbsfilet einige Minuten anbraten. In dünne Scheiben schneiden und kalt stellen. Das Thunfischfilet 30 Minuten ins Gefrierfach legen.

Die Zitrone halbieren und von einer Hälfte die Schale abreiben. Den Saft dieser Hälfte auspressen. Die Eier trennen. Eigelbe, Senf, Zitronensaft und -schale miteinander verrühren. Unter Rühren mit dem Schneebesen oder Handmixer langsam das Öl einlaufen lassen. Die Mayonnaise mit Salz und Pfeffer würzen. Die Petersilienblätter abzupfen und mit den Kapern klein hacken, die Sardellen fein würfeln. Alles mit dem Joghurt verrühren.

Die Brotchips mit der Oliven-Tapenade bestreichen. Das angefrorene Thunfischfilet in sehr dünne Scheiben schneiden und abwechselnd mit den Kalbfleischscheiben auf einer Platte anrichten. Mit Salz und Pfeffer würzen. Die Brotchips dazu anrichten und alles mit der Mayonnaise und einigen Salatblättern garnieren.

Rindertatar mit Wachtelspiegelei
UND BROTCHIPS

Horst: Diesmal geht Johann der Wachtel sogar an die Eier. Mir egal, denn das Rindertatar ist der Knaller. Zusammen mit den knusprigen Brotchips eines meiner absoluten Lieblings-Johann-Vorwech-Gerichte.

FÜR 4 PERSONEN

500 g Rinderfilet
½ TL Zucker • Salz
½ TL Paprikapulver, edelsüß

2 Schalotten
2 Sardellenfilets
1 EL Kapern
4 Cornichons
1 TL Dijonsenf
1 Eigelb
2 cl Cognac
2 EL gehackte glatte Petersilie
Pfeffer aus der Mühle
½ Baguette
4 EL Butterschmalz
8–12 frische Wachteleier
150 g Crème fraîche
3 EL Schnittlauchröllchen

Das Filet in kleine Würfel schneiden, mit Zucker, ½ TL Salz und Paprikapulver gründlich vermengen. 30 Minuten kühl stellen und durchziehen lassen.

In der Zwischenzeit die Schalotten abziehen und fein würfeln. Sardellenfilets, Kapern und Cornichons fein hacken und mit Senf, Eigelb, Schalotten, Kapern, Sardellen, Cornichons, Cognac und Petersilie mischen. Kräftig mit Pfeffer würzen.

Das Baguette in dünne Scheiben schneiden und in 3 Esslöffel Butterschmalz von beiden Seiten goldbraun und knusprig ausbacken. Auf Küchenpapier abtropfen lassen.

Die Wachteleier vorsichtig mit einer Messerspitze aufritzen und in einer beschichteten Pfanne im restlichen Schmalz bei schwacher Hitze zu kleinen Spiegeleiern braten. Die Spiegeleier ausstechen.

Zum Anrichten das Tatar in einen Tortenring füllen und glatt streichen. Einen kleineren Ring auf das Tatar setzen, mit Crème fraîche bestreichen und mit Schnittlauch bestreuen. Die Spiegeleier kreisförmig auf dem Tatar anrichten. Die Brotchips dazu reichen.

GEKOCHT MIT ILKA ESSMÜLLER

Tipp

Spiegeleier in die kalte beschichtete Pfanne schlagen und dann langsam erhitzen. Dadurch gart das Ei gleichmäßiger und wird nicht von der Unterseite dunkel.

Wildessenz

MIT WALDPILZ-CRÊPE-RÖLLCHEN

Horst: Essenz ist auch so ein Wort, das ich in meiner Zeit vor Johann eigentlich nur von der Essigflasche kannte. Umso schöner, dass diese Wildessenz mit Essig so gar nichts am Hut hat. Es handelt sich eher um eine konzentrierte und daher sehr schmackhafte Suppe.

FÜR 4 PERSONEN

500 g Hackfleisch vom Wild
200 g Wurzelgemüse, klein gewürfelt
3 Eiweiß
5 Wacholderbeeren
5 Pfefferkörner
3–4 Nelken
je 2 Zweige Thymian, Majoran und Rosmarin
2 Lorbeerblätter
1,5 l kräftiger eiskalter Wildfond
Salz

50 g Mehl
150 ml Milch
2 Eier
1 EL Butterschmalz

100 g Hackfleisch vom Wild
75 ml eiskalte Sahne
300 g gemischte Waldpilze
2 Schalotten, gewürfelt
30 g Butter
2 Zweige glatte Petersilie
Pfeffer aus der Mühle
4 EL Schnittlauchröllchen

Für die Essenz das Wildhackfleisch mit dem Gemüse, den Eiweißen, Kräutern und Gewürzen in einer Schüssel gründlich vermischen. Alles mit eiskaltem Wildfond in einen Topf geben und unter vorsichtigem Rühren langsam aufkochen. Bei milder Hitze 1 Stunde ziehen lassen, dabei nicht mehr rühren. Die Wildessenz durch ein Musselintuch in einen anderen Topf gießen, aufkochen lassen und mit Salz abschmecken.

Für die Crêpes das Mehl mit Milch, Eiern und Salz zu einem glatten Teig verrühren. Etwas Butterschmalz in einer großen beschichteten Pfanne erhitzen und ein Drittel des Teigs gleichmäßig dünn darin verteilen. Den Teig anstocken lassen, die Crêpe wenden und weitere 30 Sekunden backen. Den restlichen Teig zu weiteren Crêpes verarbeiten.

Für die Wildfleischfarce das Wildhackfleisch mit der Sahne im Mixer fein pürieren und kalt stellen. Die Pilze putzen, klein würfeln und mit den Schalotten in heißer Butter glasig dünsten. Abkühlen lassen. Die Petersilie in feine Streifen schneiden. Die Pilze mit der Fleischfarce und der Petersilie vermischen, kräftig salzen und pfeffern. Die Crêpes gleichmäßig dünn mit der Pilzmischung bestreichen, aufrollen und straff zuerst in Frischhaltefolie, dann in Alufolie zu Bonbons wickeln. Die Crêpes 12 Minuten in 80° C heißem Wasser sanft garen.

Die fertigen Crêpes in Röllchen schneiden und in tiefe Teller verteilen. Die Essenz darübergießen und das Gericht mit Schnittlauchröllchen garnieren.

GEKOCHT MIT LISA FITZ

SÜSSSAUER MARINIERTES *Heilbuttcarpaccio* MIT GEWÜRZTOMATEN UND CURRYGRISSINI

Horst: Joe Bausch ist ja nicht nur Schauspieler, bekannt unter anderem aus dem Tatort, sondern auch echter Arzt, genauer Gefängnisarzt in Marl. Wäre er es nicht in Marl, sondern, sagen wir mal, in Houston, Texas, würde er dieses Heilbuttcarpaccio dem ein oder anderen Insassen bestimmt als Henkersmalzeit verschreiben.

FÜR 4 PERSONEN

je ½ TL Korianderkörner, Senfsamen, Szechuanpfeffer und Kardamomkapseln
½ Chilischote
1 Sternanis
50 g brauner Zucker
100 ml Aceto balsamico
12 Kirschtomaten

100 g Mehl
50 g Butter
1 TL Currypulver
1 TL Limettensaft
Salz
Mehl zum Bearbeiten

400 g Heilbuttfilet, mit Haut
1 Limette
1 cm Ingwer
1 Schalotte
½ Knoblauchzehe
2 EL Ahornsirup
Salz
½ Bund Koriandergrün
100 g feine Blattsalatmischung
Pfeffer aus der Mühle

Den Backofen auf 180° C Ober-/Unterhitze vorheizen. Das Heilbuttfilet 30 Minuten im Gefrierschrank anfrieren.

Für die Gewürztomaten die Gewürze in einer Pfanne anrösten. Den Zucker zugeben, schmelzen lassen und mit Essig ablöschen. 2–3 Minuten einkochen lassen. Kirschtomaten abbrausen, die Haut kreuzweise einritzen und die Tomaten in den heißen Sud geben. Gut durchziehen lassen.

Für die Currygrissini aus Mehl, Butter, 2 Esslöffeln Wasser, Currypulver, Limettensaft und 1 Prise Salz einen glatten, geschmeidigen Teig herstellen. Den Teig auf einer bemehlten Arbeitsfläche 5 mm dick ausrollen. Den Teig mit einem Pizzarad in lange, dünne Streifen schneiden. Die Teigstreifen auf ein Backblech legen und 10–12 Minuten backen. Herausnehmen und abkühlen lassen.

Für das Heilbuttcarpaccio die Schale der Limette mit einem Zestenreißer abschälen, den Saft der Limette auspressen. Ingwer schälen und fein reiben, Schalotte und Knoblauch abziehen und fein würfeln. Limettenschale und -saft, Ingwer, Schalotten, Knoblauch und Ahornsirup in einer Schüssel mischen und leicht salzen.

Das Heilbuttfilet in dünnen Scheiben von der Haut schneiden und auf einer Platte auslegen. Mit Salz und Pfeffer würzen. Die Marinade über dem Fisch verteilen. Koriander abbrausen, trocken schütteln und grob zupfen. Koriander auf dem Fisch verteilen. Blattsalat und Gewürztomaten auf dem Fisch anrichten. Die Grissini darauf verteilen und servieren.

GEKOCHT MIT JOE BAUSCH

Curryschaumsuppe MIT GEBACKENEN JAKOBSMUSCHELN

Horst: Zum Glück haben wir nie richtigen Streit, aber wäre ich aus irgendwelchen Gründen einmal Luft für Johann, dann wäre ich gern die Luftblase in irgendeinem Schaum, den er mit seinem Stabmixer, den er wie einen Zauberstab benutzt, auf magische Art und Weise kreiert.

FÜR 4 PERSONEN

1 Bio-Orange
2 Schalotten
1 Knoblauchzehe
20 g Ingwer
2 EL Honig
1 EL Currypulver
2 EL Butter
600 ml Gemüsebrühe
Salz • Pfeffer aus der Mühle
250 g Sahne

1 Bund glatte Petersilie
2 Scheiben Toastbrot
1 Ei
8 Jakobsmuscheln
2 EL Mehl
Pflanzenöl zum Ausbacken

4 Holzspieße

GEKOCHT MIT MARIJKE AMADO

Für die Curryschaumsuppe die Orange waschen, die Schale fein abreiben, die Orange halbieren und den Saft auspressen. Die Schalotten und den Knoblauch abziehen und fein würfeln. Den Ingwer schälen und fein reiben. Schalotten, Knoblauch und Ingwer mit dem Honig, Currypulver und der abgeriebenen Orangenschale 1–2 Minuten in der Butter anschwitzen. Orangensaft und Gemüsebrühe zufügen und die Suppe 10 Minuten köcheln lassen. Anschließend salzen und pfeffern. 200 g Sahne unterrühren und die Suppe weitere 5 Minuten sanft köcheln lassen. Die Suppe mit einem Stabmixer schaumig mixen. Nach Belieben durch ein Sieb passieren und in den Topf zurückgeben.

Für die gebackenen Jakobsmuscheln die Petersilie waschen, trocken schütteln und die Blättchen von den Stielen zupfen. Das Toastbrot in Würfel schneiden und zusammen mit der Petersilie in der Küchenmaschine fein mahlen. Anschließend in eine flache Schale geben. Das Ei ebenfalls in eine flache Schale aufschlagen und verquirlen. Die Jakobsmuscheln von Schale und Bart befreien, mit Salz und Pfeffer würzen, im Mehl wenden, durch das verquirlte Ei ziehen und zuletzt mit den Toastbröseln panieren. Das Öl in einem Topf erhitzen. Die Jakobsmuscheln darin schwimmend 1 Minute ausbacken, herausheben, auf Küchenpapier abtropfen lassen und leicht salzen.

Die übrige Sahne halbsteif schlagen. Die Suppe erwärmen, die Sahne zugeben und mit dem Pürierstab schaumig aufmixen. Die Suppe in tiefen Tellern oder kleinen Tassen anrichten. Je 2 Jakobsmuscheln auf kleine Spieße stecken, dazulegen und alles servieren.

Apfel-Avocado-Tatar

MIT LAUWARM GEBEIZTEM FORELLENFILET

Horst: Manchmal denke ich, allein Johanns stechender Blick reicht aus, dass Zutaten vor seinen Augen zu Tatar zerfallen. Er liebt es, Fleisch, Fisch oder Früchte wie die Avocado in kleinste Teile zu zerhacken. Johann ist es dabei wichtig, dass jeder Tatarwürfel die exakt gleiche Größe hat. Ich bin sicher, er hat lange Jahre damit verbracht, seine Tatars auf Millimeterpapier zu zerhacken.

FÜR 4 PERSONEN

2 Äpfel (z. B. Granny Smith)
1 Avocado, Sorte Hass
2 Bio-Limetten
2 Schalotten
1 TL Korianderkörner
2 EL Zucker
2 Tomaten
3 EL Olivenöl
3 Forellenfilets
Salz
Pfeffer aus der Mühle
Chili aus der Mühle
3 Kästchen Shisokresse

Äpfel waschen, entkernen und in kleine Würfel schneiden. Die Avocado aus der Schale lösen und in kleine Würfel schneiden. Den Saft einer halben Limette auspressen und mit den Apfel- und Avocadowürfeln mischen, damit sie nicht braun werden. Anschließend die übrige Hälfte der Limette sowie die zweite Limette auspressen.

Schalotten abziehen und klein würfeln. Koriander in einem Mörser zerstoßen. Den Zucker in einer Pfanne goldbraun karamellisieren, danach die Schalotten und den Koriander dazugeben. Mit dem Limettensaft ablöschen. Salzen und pfeffern und 2–3 Minuten köcheln lassen. Tomaten vom Strunk befreien, die Haut kreuzweise einritzen und die Tomaten in kochendem Wasser blanchieren. In Eiswasser abschrecken und die Haut abziehen. Tomaten vierteln, entkernen und klein würfeln. Mit in die Pfanne geben und unterschwenken. Vom Herd nehmen und alles in einer Schüssel mit dem Olivenöl vermischen.

Forellenfilets in dünnen Scheiben von der Haut schneiden und flach auf Tellern auslegen. Die noch heiße Vinaigrette über dem Fisch verteilen und mit etwas Salz und Pfeffer würzen. Das Apfel-Avocado-Tatar mit Salz, Pfeffer und Chili abschmecken. In einem Vorspeisenring anrichten und auf den vorbereiteten Fisch setzen. Abschließend die Shisokresse mit einer Schere abschneiden, in einer Schale vermischen, über das Tatar und den Fisch streuen und servieren.

GEKOCHT MIT CHRISTIAN NEUREUTHER

Satê von der Seezunge

AUF MANGO-RETTICH-SALAT MIT LIMETTEN-VANILLE-VINAIGRETTE

Horst: So viele vollkommen verschiedenartige Zutaten zusammen in ein Gericht zu packen, das kann nur einem Johann Lafer einfallen. Die Mischung aus süß, scharf, sauer und wieder süß liest sich einfach verrückt, ist aber unfassbar lecker.

FÜR 4 PERSONEN

8 Seezungenfilets, ohne Haut
4 EL Sojasauce
1 EL Currypulver
2 Bio-Limetten
2 TL brauner Zucker
Mark von ½ Vanilleschote
2 EL Erdnussöl

1 Mango
1 weißer Rettich
3 EL Erdnussöl
1 TL geröstetes Sesamöl
1 Bund Schnittlauch
Salz
Pfeffer aus der Mühle
1 TL helle Sesamsamen
1 TL dunkle Sesamsamen
Pflanzenöl zum Ausbacken (etwa 300 ml)
8 Wan-Tan-Blätter
3 Kästchen Shisokresse

8 Holzspieße

Seezungenfilets abbrausen, trocken tupfen und in eine flache Schale legen. Sojasauce mit dem Currypulver mischen und über die Fischfilets gießen. Abgedeckt 15 Minuten ziehen lassen. Eine Limette heiß waschen und abtrocknen. Die Schale dünn abreiben und den Saft beider Limetten auspressen. Limettenschale und -saft, Zucker und Vanillemark in einem Topf aufkochen, 1–2 Minuten köcheln lassen. Den Topf beiseitestellen und kurz abkühlen lassen.

Die Mango schälen, Fruchtfleisch vom Kern und in Streifen schneiden. Den Rettich schälen, in dünne Streifen schneiden und mit Limettensirup sowie Erdnuss- und Sesamöl mischen. Mangostreifen behutsam unterheben. Schnittlauch waschen, in Röllchen schneiden und mit den beiden Sesamsorten zum Salat geben. Salzen und pfeffern.

Pflanzenöl in einem Topf erhitzen und die Wan-Tan-Blätter darin einige Sekunden goldbraun und knusprig ausbacken. Auf Küchenpapier abtropfen lassen. Die Seezungenfilets auf Holzspieße stecken und in einer Pfanne im heißen Öl knusprig braten. Salzen und pfeffern. Den Mango-Rettich-Salat mit den Wan-Tan-Blättern auf einer Platte verteilen, mit dem Dressing beträufeln. Die Seeteufel-Satés darauflegen und das Gericht mit der Shisokresse bestreuen.

Tipp

Es lohnt sich wirklich, Limetten- und nicht Zitronensaft zu verwenden, da es geschmacklich einen Unterschied gibt.

Jahre
Oldiethek

Kleine Gaumenkitzler

Es ist faszinierend, was für ein Händchen Horst für die Zubereitung von typisch deutschen Gerichten hat, und es ist schön, dass durch ihn so wundervoll rustikale, aber eben auch schmackhafte Dinge wie Wurstsalat oder Lauchsuppe endlich wieder Einzug in Fernsehsendungen gehalten haben. Kein Wunder also, dass sie auf meiner Liste seiner Lieblingsvorspeisen nicht fehlen.

GEBACKENE Mangold-Blätterteig-Schnitten MIT BERGKÄSE

Johann: Ich mag es, wenn sich Horst Zutaten annimmt, die einfach zu unserer Küche dazugehören. Mangold ist dafür ein perfektes Beispiel. Und wer sich die Mühe macht, ein paar Cent mehr für einen kräftigen Bergkäse auszugeben, wird durch eine super Aromenkombination belohnt.

FÜR 4 PERSONEN

1 Rolle Blätterteig (aus dem Kühlregal)
500 g Mangold (gerne bunter Mangold)
1 Zwiebel
1 Knoblauchzehe
20 g Butter
Salz • Pfeffer aus der Mühle
Muskatnuss
50 g Bergkäse
100 g Crème fraîche
1 Ei

100 g Frühstücksspeck
150 g Schmand
Saft von ½ Zitrone
½ Bund glatte Petersilie

Den Backofen auf 200° C Ober-/Unterhitze vorheizen. Blätterteig auf ein Backblech mit Backpapier legen und in 4 Stücke schneiden. Mehrmals mit einer Gabel einstechen. Mangold putzen, in schmale Streifen schneiden, gründlich waschen und trocken schütteln. Zwiebel und Knoblauch abziehen und klein hacken. Butter in einer Pfanne erhitzen, Zwiebel und Knoblauch darin anschwitzen. Mangold zugeben und zusammenfallen lassen. Mit Salz, Pfeffer und Muskatnuss kräftig abschmecken. Beiseitestellen und etwas abkühlen lassen.

Den Bergkäse reiben und mit Crème fraîche und dem Ei verrühren. Kräftig salzen und pfeffern. Mangoldgemüse auf dem Blätterteig verteilen, Käsemischung mit einem Löffel in Abständen auf den Mangold setzen. Auf der untersten Schiene 15–20 Minuten im Ofen backen. Frühstücksspeck in Streifen schneiden und in einer Pfanne ohne Fett goldbraun und kross braten. In einem Sieb abtropfen lassen. Schmand mit Zitronensaft, Salz und Pfeffer verrühren. Petersilie waschen, trocken schütteln und die Blättchen von den Stielen zupfen. Petersilienblättchen fein hacken und unter den Schmand rühren.

Mangold-Blätterteigschnitten aus dem Ofen nehmen. Jedes Stück auf einen Teller geben und mit dem Frühstücksspeck bestreuen. Einen Klecks Schmand daraufgeben und servieren.

GEKOCHT MIT WERNER SCHULZE-ERDEL

Tipp

Bergkäse ist ein weitgedehnter Begriff für einen herzhaften, recht festen Käse. Sollten Sie an der Käsetheke nicht fündig werden, probieren Sie ruhig einen Appenzeller.

Kartoffelsuppe

MIT KÄSE-RÖSTBROT

Johann: Ich sagte ja schon: Horst ist ein Suppen... nein, nicht Kasper, das vielleicht auch, aber er ist eben auch ein super Suppenkoch par excellence. Diese Kartoffelsuppe ist nicht kompliziert, was sie umso leckerer macht.

FÜR 4 PERSONEN

500 g mehligkochende Kartoffeln
2 Zwiebeln
1 Karotte
1 Stange Lauch
2 EL Rapsöl
800 ml Gemüsebrühe
1 dunkles Baguette (z. B. mit Roggen oder Dinkel)
150 g Gouda
3 Frühlingszwiebeln
50 g gut durchwachsener geräucherter Speck, gewürfelt
Salz
Pfeffer aus der Mühle
Muskatnuss

Kartoffeln waschen, schälen und würfeln. Eine Zwiebel und die Karotte schälen, den Lauch putzen und waschen. Das Gemüse klein würfeln. Rapsöl in einem Topf erhitzen und das vorbereitete Gemüse mit den Kartoffeln und Zwiebeln darin anschwitzen. Mit der Gemüsebrühe auffüllen, salzen und die Suppe bei geschlossenem Deckel 20–25 Minuten kochen lassen.

Den Backofen auf 160° C Ober-/Unterhitze vorheizen. Inzwischen das Baguette scheibenweise ein-, aber nicht durchschneiden, sodass es als Ganzes zusammenbleibt. Den Käse raspeln. Frühlingszwiebeln putzen, waschen und in feine Ringe schneiden. Die Käse-Lauch-Mischung in die Einschnitte des Baguettes füllen. Das Brot im vorgeheizten Backofen 15–18 Minuten backen.

Den Speck in einer Pfanne langsam knusprig ausbraten. Währenddessen die übrige Zwiebel abziehen, halbieren und in Streifen schneiden. Zum Speck geben und einige Minuten mitbraten.

Die Kartoffelsuppe pürieren, mit Salz, Pfeffer und Muskatnuss würzen. Zum Anrichten die Suppe in Schalen füllen, die Zwiebel-Speck-Mischung daraufgeben und das Käseröstbrot dazu servieren.

GEKOCHT MIT ROSS ANTHONY

Tipp

Es ist wirklich wichtig, bei Rezepten mit Kartoffeln genau darauf zu achten, ob eine mehlige, eine vorwiegend festkochende oder eine festkochende Kartoffel verwendet werden soll.

Gebratener Ziegenkäse

MIT FRÜHLINGSGEMÜSE

Johann: Wer unsere Sendung regelmäßig verfolgt, wird bemerkt haben, dass sowohl Horst als auch ich ein Faible für Ziegenkäse haben. Bei mir darf er gern außerordentlich kräftig sein, bei Horst ein wenig milder. Das Schöne für Sie ist, dass Sie sich an der Käsetheke an Ihren Lieblingskäse herantasten können.

FÜR 4 PERSONEN

2 Kohlrabi
1 Fenchelknolle
200 g junge Karotten
Salz
je 1 Bund Schnittlauch, Pimpinelle, Petersilie und Estragon
6 EL Olivenöl
2 EL alter Aceto balsamico
2 TL Honigsenf
Saft von ½ Zitrone
Pfeffer aus der Mühle
2 Eier
400 g fester Ziegenkäse
4 EL Semmelbrösel
Olivenöl zum Braten

Kohlrabi, Fenchel und Karotten putzen, schälen und in feine Streifen schneiden. Alles zusammen in kochendem Salzwasser blanchieren und durch ein Sieb abgießen.

Die Kräuter fein schneiden und in eine Schüssel geben. Olivenöl, Aceto balsamico, Honigsenf und Zitronensaft zu den Kräutern geben und untermengen. Die Vinaigrette mit Salz und Pfeffer abschmecken und unter das blanchierte Gemüse heben.

Die Eier verquirlen. Den Ziegenkäse in Scheiben schneiden, im Ei und anschließend in Semmelbröseln wälzen und in Olivenöl kurz von beiden Seiten goldbraun anbraten.

Den Gemüsesalat mit dem Käse anrichten.

GEKOCHT MIT INGOLF LÜCK

„Das ist aber sehr lecker, was hast du da falsch gemacht?"

GRÜNER Spargel-Nudel-Salat MIT CHORIZOCHIPS

Johann: In Nudelsalat können die Zutaten ruhig ein wenig kräftiger sein. Deswegen sind Chorizo und Spargel auch eine tolle Kombi. Das Gericht nimmt die Idee des italienischen Klassikers von Spargel mit Parmaschinken auf, verschiebt es aber auf der Landkarte Richtung Westen.

FÜR 4 PERSONEN

Salz
250 g kleine Muschelnudeln
1 Bund grüner Spargel
1 EL Olivenöl
Pfeffer aus der Mühle
1 Salatgurke
4 EL Zitronensaft
5 EL Olivenöl
1 TL Zucker
1 Bund glatte Petersilie
2 feste Chorizos (spanische Paprikawurst)

Reichlich leicht gesalzenes Wasser zum Kochen bringen, die Muschelnudeln darin al dente garen und abgießen.

Spargel im unteren Drittel schälen, Enden abschneiden und die Stangen in 2–3 cm lange Stücke schneiden. Einen Esslöffel Olivenöl in einer Pfanne erhitzen und die Spargelstücke darin anbraten. Salzen, pfeffern und 2–3 Minuten braten.

Die Gurke waschen, schälen und halbieren. Die Kerne mit einem Löffel herauskratzen, Gurkenhälften schräg in Stücke schneiden. Gurkenstücke, Spargel und Nudeln in eine Schüssel geben. Mit Zitronensaft, Olivenöl, Salz, Pfeffer und Zucker kräftig würzen. Die Petersilie abbrausen, trocken schütteln und die Blättchen klein hacken. Zum Salat geben.

Die Haut von den Chorizos abziehen und die Würste mit der Aufschnittmaschine in dünne Scheiben schneiden. Wurstscheiben in eine heiße Pfanne legen und bei mittlerer Hitze langsam knusprig braten. Auf Küchenpapier abtropfen lassen. Nach Belieben mit Pfeffer würzen.

Den Salat in Schüsseln anrichten und die Chorizochips daraufstreuen.

Radieschen-Wurst-Salat

MIT EIDRESSING

Johann: Auch wenn das Kapitel noch gar nicht so heißt: Dieser Salat ist für mich „typisch Horst". Deftig, würzig, schmackhaft. Ich hätte mir keinen besseren Partner an Horsts Seite vorstellen können als die Reporterlegende Werner Hansch, der wie Horst sein erstes eigenes Geld im Bergbau verdient hat.

FÜR 4 PERSONEN

6 Stangen weißer Spargel
2 TL Salz
2 TL Zucker
2 Zitronenscheiben
40 ml Kräuteressig
1 TL Senf
60 ml Olivenöl
Pfeffer aus der Mühle

250 g gute Fleischwurst
1 Bund Radieschen
1 rote Zwiebel
½ Bund glatte Petersilie
2 Eier
1 Baguette
2 EL Olivenöl

Den Spargel schälen und die Enden um 2 cm kürzen. Die Stangen danach in 2 cm lange Stücke schneiden. In einem kleinen Topf Wasser zum Kochen bringen, Salz und 1 TL Zucker zufügen. Die Zitronenscheiben zugeben und die Spargelstücke 2–3 Minuten kochen. Anschließend abgießen und abkühlen lassen.

Aus Kräuteressig, Senf, dem restlichen Zucker und Öl ein Dressing anrühren und kräftig mit Salz und Pfeffer abschmecken.

Die Fleischwurst in dünne Scheiben schneiden und gleichmäßig leicht überlappend auf einer großen Platte auslegen. Die Hälfte des Dressings über der Wurst verteilen.

Das restliche Dressing mit dem Spargel in einer Schüssel mischen. Die Radieschen putzen, waschen und vierteln oder in Scheiben schneiden. Die Zwiebel abziehen und in Ringe schneiden. Die Petersilie waschen, trocken schütteln und klein hacken. Zusammen mit den Radieschen unter der Spargel mischen. Nochmals mit Salz und Pfeffer abschmecken.

Die Eier in 8 Minuten hart kochen, kalt abschrecken, pellen und vierteln. Den Spargel-Radieschen-Salat auf den Wurstscheiben verteilen und die Eiviertel dekorativ darauf verteilen. Das Baguette in Scheiben schneiden, die Scheiben mit Olivenöl beträufeln und in einer heißen Pfanne goldbraun braten. Zum Salat servieren.

Gefüllte Champignons

MIT KNUSPRIGEM PARMASCHINKEN

Johann: Katerina Jacob hatte ein wenig Angst, Horst könnte beim Selbersuchen einen Knollenblätterpilz erwischt haben. Sie wollte nur die Füllung, ohne Pilz. Nicht gerade hilfreich war auch, dass Horst mit diabolischer Stimme sagte: „Die sind nicht giftig. Iss das ruhig, mein Engelchen!"

FÜR 4 PERSONEN

8 große Champignons
1 rote Zwiebel
½ Knoblauchzehe
1 Strauchtomate
100 g Schafskäse
3 Scheiben Ciabatta (ca. 1 cm dick)
4 getrocknete Tomatenfilets
2 Zweige Basilikum
4 EL Olivenöl
1 TL Honig
2 EL Aceto balsamico
Salz • Pfeffer aus der Mühle
8 Scheiben Parmaschinken
Öl zum Braten
100 g Rucola
2 EL cremiger Aceto balsamico
2 EL Olivenöl

Den Backofen auf 180° C Ober-/Unterhitze vorheizen. Champignons mit einem Pinsel abbürsten und den Stiel herausdrehen. Die Champignonköpfe mit der Öffnung nach oben in eine Auflaufform setzen.

Die Zwiebel und den Knoblauch abziehen und klein würfeln. Die Strauchtomate sowie Schafskäse, Ciabatta und getrocknete Tomaten in etwa 1 cm große Würfel schneiden. Das Basilikum klein hacken. Alles in einer Schüssel mit Olivenöl, Honig und Essig mischen und mit Salz und Pfeffer würzen. Die Champignonköpfe damit füllen und im vorgeheizten Backofen 15–20 Minuten backen.

In der Zwischenzeit den Parmaschinken in wenig Öl knusprig braten und auf Küchenpapier abtropfen lassen. Rucola putzen, waschen und trocken schütteln. Den Salat mit 1 Prise Salz, Balsamico-Creme und Olivenöl marinieren.

Je 2 Champignons auf einem Teller anrichten. Mit Rucola und Parmaschinken garnieren und mit frisch gemahlenem Pfeffer bestreut servieren.

GEKOCHT MIT KATERINA JACOB

Tipp

Da man Pilze niemals waschen sollte, lohnt sich die Anschaffung einer Pilzbürste. Mit ihrer speziellen Form hilft sie sehr, Laub, Tannennadeln oder Sand vom Pilz abzubekommen.

„Ich bin nicht frech, das ist mein jugendliches Temperament, das immer mit mir durchgeht.“

Lauchsuppe

MIT SCHINKEN-BLÄTTERTEIG-STANGEN

Johann: Außer in Suppen oder Fonds machen wir viel zu wenig mit Lauch. Dabei wurde schon 2000 Jahre vor Christi Geburt in Mesopotamien sowie im Alten Ägypten Lauch gegessen.

FÜR 4 PERSONEN

2 Stangen Lauch
2 mittelgroße, mehligkochende Kartoffeln (ca. 250 g)
20 g Butter
700 ml Gemüsebrühe
Salz
Pfeffer aus der Mühle
200 g Sahne
Muskatnuss

2 Scheiben TK-Blätterteig, aufgetaut
1 Eigelb
3 Scheiben Kochschinken
Mehl zum Ausrollen

Glatte Petersilie zum Garnieren

Den Backofen auf 200° C Ober-/Unterhitze vorheizen.

Zunächst Lauch und Kartoffeln putzen und waschen. Die Kartoffeln schälen und alles klein würfeln. Butter in einem Topf erhitzen und beides darin mit etwas Farbe anschwitzen. Gemüsebrühe angießen und aufkochen. Die Suppe mit Salz und Pfeffer würzen und bei mittlerer Hitze 15–20 Minuten köcheln lassen.

Ein Backblech mit Backpapier auslegen. Beide Scheiben Blätterteig auf der leicht bemehlten Arbeitsfläche gleich groß ausrollen. Eine Scheibe mit verquirltem Eigelb bestreichen und mit dem Schinken belegen. Die zweite Teigplatte darauflegen und etwas andrücken. In 1 cm breite Streifen schneiden, Streifen leicht eindrehen und auf das Backblech legen. Im vorgeheizten Backofen 15 Minuten backen.

Die Sahne in die Suppe geben, kurz aufkochen und die Suppe fein pürieren. Mit Muskatnuss würzen und mit Salz und Pfeffer abschmecken.

Die Suppe in tiefen Tellern anrichten, mit Petersilie garnieren und die Blätterteigstangen dazu reichen.

GEKOCHT MIT MAGDALENA BRZESKA

Tipp

Blätterteig zählt zu den Zutaten, die auch Profis höchst selten selbst zubereiten. Die fertigen Produkte, tiefgefroren oder aus dem Kühlregal, haben eine gute Qualität. Achten Sie aber im Kleingedruckten darauf, ob diese mit Butter zubereitet wurden, manche Hersteller verwenden Billig-Fette.

Zucchinipuffer

MIT RÄUCHERLACHS

Johann: Horst war an diesem Tag ganz aufgeregt, seinen Seelenverwandten Uwe Ochsenknecht kennenlernen zu dürfen. Umso mehr wurmte es mich, dass Horst und Uwe viel früher fertig waren als Natalia Wörner und ich, obwohl sein Herd in der Sendung teilweise ausgefallen war und ich ihm mit zwei Flammen meines Herdes aushelfen musste.

FÜR 4 PERSONEN

500 g Zucchini
200 g vorwiegend festkochende Kartoffeln
2 Eier
1 EL Mehl
2 Zweige Thymian
Salz
Pfeffer aus der Mühle
30 ml Rapsöl

250 g Räucherlachs
150 g Crème fraîche
Cayennepfeffer
Saft von ½ Zitrone
½ Bund Dill

Die Zucchini waschen und grob raspeln. Die Kartoffeln waschen, schälen und ebenfalls grob raspeln. Beides in einer Schüssel mit den Eiern und dem Mehl mischen. Die Thymianblättchen von den Stielen zupfen und fein hacken. Das Gemüse anschließend mit Thymian, Salz und Pfeffer würzen. Das Rapsöl in einer Pfanne erhitzen und jeweils 1 Esslöffel der Zucchini-Kartoffel-Masse hineingeben. Etwas flach drücken und goldbraun braten. Wenden und von der anderen Seite ebenfalls goldbraun braten. Auf Küchenpapier abtropfen lassen.

Räucherlachs in Streifen schneiden. Crème fraîche mit Salz, Cayennepfeffer und Zitronensaft abschmecken. Den Dill klein hacken, einige Zweige für die Garnitur zurückbehalten und ebenfalls untermischen.

Die Zucchinipuffer auf einer Platte anrichten, mit den Lachsstreifen belegen und einige Nocken Crème fraîche dazu anrichten. Mit Dillspitzen garnieren.

Tipp

Gerade die norwegische Lachszucht-Industrie hat viel aus Antibiotika-Überdosierungen gelernt und inzwischen hohe Standards. Sollten Sie dem misstrauen, nutzen Sie Wildlachs, der aber deutlich teurer ist.

GEKOCHT MIT UWE OCHSENKNECHT

Lachscreme

AUF RÖSTBAGUETTE MIT RADICCHIO-ORANGEN-SALAT

Johann: Eine Sendung, die uns allen in Erinnerung bleiben wird. Was unter anderem an der großartigen Christine Westermann lag und an der Offenheit, mit der sie sehr persönliche Geschichten aus ihrem Leben preisgab. Bei der Kombination von Lachs und Röstbaguette muss ich seitdem immer an sie denken – ein Grund, warum dieses Rezept von mir ausgewählt wurde.

FÜR 4 PERSONEN

250 g Räucherlachs
1 kleine Zwiebel
1 Knoblauchzehe
4 Zweige Dill
2 EL Schmand
Saft von ½ Zitrone
Pfeffer aus der Mühle

8 Scheiben Baguette
4 EL Olivenöl

1 Radicchio
2 Orangen
1 TL Honig
1 TL Senf
Salz
2 EL Olivenöl

1 TL rosa Pfeffer zum Garnieren

Den Backofen auf 180° C Ober-/Unterhitze vorheizen.

Den Räucherlachs klein würfeln und in eine Schüssel geben. Die Zwiebel und den Knoblauch abziehen und ebenfalls klein würfeln. Dill fein schneiden. Gemeinsam mit dem Schmand und dem Zitronensaft zum Lachs geben und die Creme mit Pfeffer würzen. Alles vermischen und kalt stellen.

Die Baguettescheiben auf ein Backblech legen, mit Öl beträufeln und im vorgeheizten Backofen in 5–8 Minuten knusprig backen.

Den Radicchio putzen, in Stücke zupfen, waschen und trocken schütteln. Orangen so schälen, dass die weiße Haut mit entfernt wird. Die Filets heraustrennen, dabei den Saft auffangen. Fruchtfleischreste ebenfalls auspressen. Orangenfilets und Radicchio in eine Schüssel geben. Orangensaft mit Honig, Senf und 1 Prise Salz verrühren. Olivenöl dazugeben und unterschlagen. Das Dressing zum Salat geben und gut unterheben.

Den Salat auf Tellern anrichten. Die Lachscreme auf die Baguettescheiben streichen und mit dem rosa Pfeffer bestreuen. Zum Salat servieren.

GEKOCHT MIT MIRJAM WEICHSELBRAUN

Kartoffel-Rettich-Salat

MIT GEBRATENEN GARNELEN

Johann: Da war er wieder, der Gentleman in meinem Horst. Für die gertenschlanke Mirjam Weichselbraun wollte er was Leichtes zubereiten, mit dem sie Erfahrung hat. Es war für die österreichische Moderatorin allerdings das erste Mal im Leben, dass sie mit Garnelen zu tun hatte.

FÜR 4 PERSONEN

500 g festkochende Kartoffeln, vom Vortag
100 ml Brühe
1 weißer Rettich
Salz
4 getrocknete Tomatenfilets in Öl
3 EL Weißweinessig
2 TL Honig
1 TL grober Dijonsenf
3 EL Rapsöl
Pfeffer aus der Mühle

8 Riesengarnelen (küchenfertig; ohne Schale und Darm)
1 Knoblauchzehe
3 Thymianzweige
2 EL Olivenöl

einige Schnittlauchhalme zum Garnieren

Kartoffeln schälen und in dünne Scheiben schneiden. Die Brühe erhitzen und über die Kartoffeln gießen. Rettich schälen und ebenfalls in dünne Scheiben schneiden. Rettichscheiben salzen und gut durchkneten, 5 Minuten ziehen lassen. Tomatenfilets klein schneiden.

Essig mit Honig, Senf und Rapsöl verrühren und kräftig mit Salz und Pfeffer würzen.

Den Rettich abgießen und mit den Kartoffeln in eine Schüssel geben. Mit dem Dressing marinieren und nochmals gut durchziehen lassen.

Garnelen einschneiden und mit Pfeffer würzen. Den Knoblauch abziehen und klein hacken. Thymianblättchen von den Zweigen zupfen. Olivenöl in einer Pfanne erhitzen. Garnelen samt Knoblauch und Thymian darin anbraten. 2 Minuten von jeder Seite braten, salzen und vom Herd nehmen.

Den Salat mit den Garnelen und den klein geschnittenen Tomatenfilets anrichten und mit Schnittlauchhalmen garnieren.

„Wie weit ich auch gekommen sein mag: Ich muss immer noch meine Kartoffeln selber schälen."

Häppchen für zwischendurch

Sie werden in diesem Kapitel einige Rezepte von Johann finden, bei denen er irgendwas in irgendeiner Weise „aufgeschäumt“ hat. Johann liebt Schaum in allen Variationen (ja, selbst in der Badewanne kann er davon nicht genug haben), und wenn Sie jemals etwas von Johann mit „Schaum“ im Titel probiert haben, werden Sie mir zustimmen, dass jemand wie er es schafft, selbst heiße Luft noch unfassbar schmackhaft zu servieren.

Schwarzwurzelschaum
MIT HASELNUSSÖL UND BERGKÄSERÖLLCHEN

Horst: Ich gelte ja immer so als der Rustikalere von uns beiden, der so typisch deutsch daherkocht. Die Erinnerung an Schwarzwuzeln in meiner Kindheit sind jedoch nicht die besten. Umso überraschender, dass die Schwarzwurzel in Form von Schaum mich so begeistert hat.

FÜR 4 PERSONEN

400 g Schwarzwurzeln
500 ml Milch
2 Schalotten • 2 Knoblauchzehen
30 g Butter
600 ml heller Geflügelfond
Saft von 1 Zitrone
Salz • Pfeffer aus der Mühle
150 g Sahne
2 TL Akazienhonig zum Verfeinern
2 EL Haselnussöl zum Verfeinern

100 g reifer Bergkäse
½ Bund Schnittlauch
50 g Crème fraîche
Saft von 1 Zitrone • 2 Eigelb
4 Blätter Frühlingsrollenteig
Pflanzenfett zum Ausbacken
4 Blüten der Kapuzinerkresse zum Garnieren

GEKOCHT MIT MAITE KELLY

Schwarzwurzeln zwischen Daumen und Zeigefinger festhalten, rundherum schälen, holzige Enden wegschneiden. In große Würfel schneiden und in die Milch legen, damit sie nicht so schnell braun werden.

Schalotten und Knoblauch abziehen und würfeln. Die Butter leicht erhitzen und Schalotten, Knoblauch und Schwarzwurzeln hell anschwitzen. Den Geflügelfond angießen und alles 15 Minuten köcheln lassen. Die Schwarzwurzeln mit Zitronensaft, Salz und Pfeffer würzen, zuletzt mit Sahne aufgießen. Weitere 5 Minuten köcheln lassen, die Suppe anschließend fein pürieren und durch ein feines Sieb gießen.

Für die Röllchen den Bergkäse in sehr feine Würfel schneiden. Den Schnittlauch in feine Röllchen schneiden. Den Käse mit Crème fraîche, Zitronensaft, 1 Eigelb, 2 Esslöffel Schnittlauchröllchen und Pfeffer zu einer kompakten Masse anrühren.

Den Frühlingsrollenteig rautenförmig auf der Arbeitsfläch ausbreiten. Eine schmale Linie Füllung auf den Teig geben, die Ränder mit dem verbliebenen Eigelb bepinseln, die Seiten einschlagen und den Teig wie eine Zigarre aufrollen. Zuletzt die Enden andrücken.

Die Käsestangen im sehr heißen Pflanzenfett kurz knusprig ausbacken, herausnehmen und auf Küchenpapier abtropfen lassen.

Kurz vor dem Servieren die Suppe erneut erhitzen und mit Honig und Haselnussöl abschmecken, mit einem Stabmixer aufschäumen und in tiefe Teller füllen. Die Käsestangen quer über die Teller legen und die Suppe mit Kapuzinerkresseblüten garniert servieren.

IN THYMIANÖL *pochierte Poulardenbrust* MIT HASELNUSSWIRSING UND PETERSILIENWURZELPÜREE

Horst: Allein das Thymianöl, in dem die Poulardenbrust recht heiß baden durfte, könnte ich literweise gurgeln oder in mein Lieblingsmoped füllen. Und dass man aus Petersilie mehr als nur die Deko auf ein Schnitzel machen kann, haut mich bis heute noch um.

FÜR 4 PERSONEN

1 kleines Bund Thymian
1–2 l Olivenöl
2 TL schwarze Pfefferkörner
2 Lorbeerblätter
700 g Maispoulardenbrust

700 g Petersilienwurzeln
2 Schalotten
1 EL Butter
200 ml Gemüsebrühe
150 g Sahne
Salz
Pfeffer aus der Gewürzmühle
1 Bund glatte Petersilie
Muskatnuss

1 Wirsing
1 Schalotte
1 EL Olivenöl
100 g Speck, gewürfelt
50 g Haselnusskerne
200 ml Gemüsebrühe
2 EL Haselnussöl
1 Bund Schnittlauch zum Garnieren

Thymian waschen, trocken tupfen. Olivenöl in eine tiefe Pfanne füllen, Thymian, Pfefferkörner und Lorbeer zugeben und auf 60–65° C erwärmen. Maispoulardenbrust in das warme Öl legen und 30–40 Minuten pochieren. Die Temperatur mit einem Thermometer kontrollieren.

Petersilienwurzeln waschen, schälen und klein schneiden. Schalotten abziehen und klein würfeln. Beides in einem Topf in der Butter anbraten. Gemüsebrühe und Sahne angießen, aufkochen und mit Salz und Pfeffer würzen. Offen etwa 15 Minuten weich kochen. Anschließend die Petersilienblätter zugeben und alles fein pürieren. Das Püree nochmals mit Salz und etwas frisch geriebener Muskatnuss würzen.

Wirsing putzen, waschen, halbieren und den Strunk entfernen. Beide Hälften in Streifen schneiden. Die Schalotte abziehen und klein würfeln. Das Olivenöl in einem Topf erhitzen, Schalotten und Speck 2–3 Minuten darin anbraten. Mit einer Schaumkelle herausheben und beiseitestellen. Wirsing im entstandenen Bratfett anschwitzen. Mit Salz und Pfeffer würzen, Haselnüsse dazugeben und kurz anrösten. Den Wirsing mit der Gemüsebrühe ablöschen und 5 Minuten leise köcheln lassen. Schalotten-Speck-Mischung dazugeben. Mit Salz und Pfeffer würzen und das Haselnussöl untermischen. Schnittlauch fein schneiden und unterrühren.

Petersilienpüree und Wirsing auf Teller verteilen. Die Maispoulardenbrust in Scheiben schneiden und darauf anrichten.

GEKOCHT MIT CLAUDIA RIESCHEL

Spitzkohlrouladen
MIT COUSCOUS UND KOKOSSCHAUM

Horst: Dass man Spitzkohl mit Couscous und Kokos kombinieren kann, da muss man erst mal drauf kommen. Doch solange ein Schaum das Ganze zusammenhält, ist das die halbe Miete.

FÜR 4 PERSONEN

1 Spitzkohl
5 Kapseln Kardamom
3 Nelken • 1 Zimtstange
3 Sternanis
1 kleine getrocknete Chilischote
300 ml Geflügelfond
250 g Couscous
Salz • Pfeffer aus der Mühle
1 rote Paprikaschote
100 g Zuckerschoten
50 g Mais aus der Dose
30 g Pinienkerne
2 Schalotten
2 Knoblauchzehen
6 EL Olivenöl
30 g Rosinen • 50 g Butter
2 EL Kokosflocken
100 ml Kokosmilch
150 g Schmand
Chili aus der Mühle
Gartenkresse zum Garnieren

GEKOCHT MIT ISABEL VARELL

Den Spitzkohl waschen, die äußeren Blätter abschneiden und den Strunk herausschneiden. Acht große Blätter abnehmen und flach auslegen. Die Blätter 2 Minuten blanchieren, dann kalt abschrecken.

Kardamom, Nelken, Zimtstange, Sternanis und Chilischote im Mörser grob zerstoßen und in ein Klapp-Teesieb geben. 250 ml Geflügelfond mit den Gewürzen aufkochen und 10 Minuten ziehen lassen. Gewürze entfernen, den Fond noch einmal aufkochen und über den Couscous gießen. Couscous 5 Minuten ausquellen lassen, mit einer Gabel auflockern und kräftig mit Salz und Pfeffer abschmecken.

Die Paprika entkernen, waschen und klein würfeln. Zuckerschoten abbrausen und klein würfeln. Mais unter kaltem Wasser abspülen. Pinienkerne in einer Pfanne ohne Fett rösten. 1 Schalotte und 1 Knoblauchzehe abziehen und klein würfeln. 2 Esslöffel Olivenöl in einer Pfanne erhitzen. Schalotte und Knoblauch mit Gemüse, Pinienkernen und Rosinen anbraten. Couscous zufügen, salzen, pfeffern und gut mischen. 2–3 Esslöffel Couscous auf ein Kohlblatt geben, die Seiten einschlagen und von unten nach oben einrollen. Die Rouladen mit Küchengarn fixieren und mit Salz und Pfeffer würzen. 2 Esslöffel Olivenöl in einer Grillpfanne erhitzen und die Rouladen darin von allen Seiten anbraten. Butter in die Pfanne geben und die Rouladen damit glasieren.

Das übrige Olivenöl in einer Pfanne erhitzen. Die restliche Schalotte und den übrigen Knoblauch abziehen, fein würfeln und mit den Kokosflocken anschwitzen. Verbliebene Gemüsebrühe und Kokosmilch angießen und 5 Minuten köcheln lassen. Schmand zugeben und alles mit Salz, Pfeffer und Chili abschmecken. Mit dem Pürierstab schaumig aufmixen.

Je 2 Rouladen in einen tiefen Teller geben, 2 große Esslöffel Kokosschaum darübergeben und das Gericht mit Gartenkresse garnieren.

Rote-Bete-Ravioli

IN MEERRETTICHSAUCE UND SPECK-ZWIEBEL-SCHMELZE

Horst: Als hätte es eines Beweises bedurft, dass der liebe Johann aus der Steiermark kommt: die Schmelze. Wie der Schnee im Frühjahr schmelzen hier Speck und Zwiebel zusammen.

FÜR 4 PERSONEN

300 g Hartweizengrieß
1 gestr. TL Salz
275 ml Rote-Bete-Saft
1 EL Olivenöl
2 Eier • Mehl zum Ausrollen
1 Eigelb zum Bestreichen

50 g Walnusskerne
½ Bund glatte Petersilie
150 g Frischkäse
Abrieb von ½ Bio-Zitrone
Salz • Pfeffer aus der Mühle

2 Schalotten • 1 Knoblauchzehe
70 g Butter • 100 g Meerrettich
600 ml Geflügelfond
200 g Sahne
150 g Frühstücksspeck
1 Zwiebel • 3 EL Semmelbrösel
Mehl zum Ausrollen
Zucker

GEKOCHT MIT FRITZ KARL

Für den Nudelteig den Hartweizengrieß mit Salz, 25 ml Rote-Bete-Saft, Olivenöl und Eiern zu einem glatten, festen Teig verkneten. In Frischhaltefolie wickeln und 2 Stunden im Kühlschrank ruhen lassen.

Für die Füllung Walnusskerne in einer Pfanne ohne Fett anrösten, anschließend fein hacken. Petersilie abbrausen, trocken tupfen und klein hacken. Frischkäse mit Walnüssen und Petersilie verrühren. Mit fein geriebener Zitronenschale, Salz und Pfeffer kräftig abschmecken.

Für die Sauce die Schalotten und den Knoblauch abziehen und würfeln. 20 g Butter in einem Topf erhitzen, beides darin anschwitzen. Den Meerrettich hineinreiben, Geflügelfond und Sahne angießen und die Sauce 15 Minuten köcheln lassen.

Den Speck klein würfeln. Die Zwiebel abziehen und in Streifen schneiden. Restliche Butter in einer Pfanne schmelzen, Speck und Zwiebel darin goldbraun anrösten. Semmelbrösel dazugeben und kurz mitrösten.

Den Nudelteig auf der bemehlten Arbeitsfläche dünn ausrollen. Mit etwas Abstand je 1 Teelöffel Füllung daraufgeben. Die Ränder mit Eigelb einstreichen und eine zweite Nudelbahn darauflegen. Ränder gut andrücken. Mit einem Ravioli- oder Ringausstecher 12 Ravioli ausstechen. Reichlich Wasser zum Kochen bringen und leicht salzen. Die Ravioli darin etwa 2 Minuten garen. Herausheben und abtropfen lassen. Den restlichen Rote-Bete-Saft 2–3 Minuten einkochen, mit Salz, Pfeffer und Zucker abschmecken und die Butter zugeben. Die Ravioli darin schwenken.

Die Meerrettichsauce mit Salz und Pfeffer würzen, mit einem Pürierstab schaumig aufmixen. Zuletzt den frischen Meerrettich fein reiben und zugeben. Den Meerrettichsud in tiefe Teller verteilen, die Ravioli hineinlegen und mit der Speck-Zwiebel-Schmelze übergießen.

Tortellini mit Parmaschinken

IN TOMATEN-SALBEI-BUTTER

Horst: Das ist mal was Reelles, was ich mir so auch von meinem Lieblingsitaliener ums Eck wünschen würde. Ohne Firlefanz und sterneschick. Ohne Schaum und Schmelze. Ein Gericht, für das der Dritte von uns im Sendungstitel steht, ein gewisser Herr Lecker!

FÜR 4 PERSONEN

3 Eigelb
1 EL Olivenöl
½ TL Salz
200 g Instantmehl (oder Hartweizengrieß)

100 g Parmaschinken
5 getrocknete Tomaten in Öl
100 g italienischer Frischkäse
1 Büffelmozzarella
3 EL Olivenöl
Salz
Pfeffer aus der Mühle
Chili aus der Mühle

4 Strauchtomaten
2 Schalotten
1 Knoblauchzehe
50 g Butter
4 Zweige Salbei
100 ml Weißwein
Zucker

1 Eiweiß
Mehl zum Ausrollen
Parmesan

Für den Nudelteig Eigelbe mit dem Öl und dem Salz verquirlen, Mehl dazufügen und alles zu einem glatten, geschmeidigen Teig verkneten. In Frischhaltefolie wickeln und 2 Stunden im Kühlschrank ruhen lassen.

Für die Füllung Parmaschinken, getrocknete Tomaten, Frischkäse, Mozzarella und Olivenöl im Mixer fein pürieren. Mit Salz, Pfeffer und Chili abschmecken. Die Masse in einen Spritzbeutel mit Lochtülle füllen.

Strauchtomaten waschen, Blütenansätze herausschneiden und die Haut einritzen. Tomaten kurz in kochendem Wasser blanchieren, in Eiswasser abschrecken und die Haut abziehen. Die Tomaten vierteln, entkernen und würfeln. Schalotten und Knoblauch abziehen und klein würfeln.

Die Butter zerlassen und die Salbeiblätter darin knusprig braten. Herausnehmen und beiseitestellen. Schalotten und Knoblauch in der Salbeibutter anschwitzen, mit Weißwein ablöschen und 2–3 Minuten köcheln lassen. Tomaten da zugeben, mit Salz, Pfeffer und 1 Prise Zucker abschmecken.

Den Nudelteig auf der bemehlten Arbeitsfläche dünn ausrollen. Kreise (Ø ca. 6 cm) markieren, etwas Parmaschinkenmasse daraufgeben. Den Rand jedes Kreises mit Eiweiß bestreichen, Kreise ausstechen, zu Halbmonden zusammenlegen und festdrücken, sodass die typische Tortelliniform entsteht. Tortellini in reichlich leicht gesalzenem Wasser 2–3 Minuten kochen. Anschließend abgießen.

Die Tortellini in der Tomaten-Salbei-Butter schwenken und auf Tellern anrichten. Mit den Salbeiblättern und gehobeltem Parmesan bestreuen.

GEKOCHT MIT THOMAS RATH

Pochiertes Rinderfilet

AUF WARMEM GEMÜSESALAT

Horst: Für dieses Gericht hat Johann extra eine Art Galgen für das Rinderfilet gebastelt, er hatte nicht bemerkt, dass der Lieferant (nicht der Metzger, sondern die Kuh!) bereits tot war und das Filet darüber hinaus bestens abgehangen. Aber mich hat der Hobbythek-Aspekt, mit dem Johann oftmals zu Werke geht, immer sehr fasziniert.

FÜR 4 PERSONEN

6 kleine festkochende Kartoffeln
3 junge Karotten
3 Stangen Staudensellerie
3 Petersilienwurzeln
1 l Fleischbrühe
700 g Rinderfilet, aus der Mitte
1 Bio-Zitrone
2 Schalotten
5 EL mildes Olivenöl
2 EL Weißweinessig
1 EL Honig
75 ml Weißwein
Meersalz
Pfeffer aus der Mühle
1 TL Speisestärke
je 3 Zweige Petersilie, Kerbel und Estragon
Kresse zum Garnieren

GEKOCHT MIT ALEKSANDRA BECHTEL

Kartoffeln, Karotten, Staudensellerie und Petersilienwurzeln schälen und in Scheiben schneiden. Die Brühe zum Kochen bringen und das Gemüse darin etwa 10 Minuten kochen. Herausheben und warm stellen. Die Brühe im Topf auf etwa 65–70° C abkühlen. Hierzu ein Thermometer verwenden. Das Rinderfilet mit Küchengarn zusammenbinden, an beiden Enden eine Schlaufe binden. Einen Kochlöffel durch die Schlaufen stecken und das Rinderfilet so über den Topf hängen, dass es vollständig mit Brühe bedeckt ist. Das Filet etwa 30 Minuten in der Brühe ziehen lassen.

Für die Salatsauce die Zitronenschale fein abreiben. Die Schalotten abziehen, fein würfeln und in 1 Esslöffel Öl anschwitzen. Mit Weißweinessig ablöschen. 150 ml Brühe, Honig, Weißwein und Zitronenschalenabrieb zufügen. Die Mischung etwas einkochen lassen und mit Salz und Pfeffer abschmecken. Speisestärke mit etwas kaltem Wasser verrühren und die Schalotten-Honig-Mischung damit leicht binden. Die Sauce durch ein Sieb in einen hohen Becher umfüllen.

Die Blätter von den einzelnen Kräutern abzupfen und mit dem restlichen Olivenöl zur Sauce geben. Alles mit dem Pürierstab in etwa 1 Minute zu einer Salatsauce vermixen.

Das Fleisch aus der Brühe nehmen und ein paar Minuten ruhen lassen, dann in dünne Scheiben schneiden. Die Filetscheiben auf einer Platte anrichten und mit Salz und Pfeffer würzen. Das Gemüse darauf verteilen und mit der Salatsauce übergießen. Nach Belieben mit etwas Kresse bestreuen.

„Johann, ich bewundere dich, dass Tiere sich im Casting bei dir bewerben, um von dir gekocht zu werden."

AUF KRÄUTERTEE *gedämpfter Lachs* MIT GEDÜNSTETEN GURKENNUDELN

Horst: Ich zittere heute noch vor Ehrfurcht, wenn ich an diese Sendung denke. Der waschechte, einzigartige, weltgewandte, weitgereiste, verdammte Bundesaußenminister zu Gast in unserer kleinen Kochshow. Dazu gleich noch einer: Jean Asselborn, Außenminister von Luxemburg. Ich weiß nicht mehr, was ich gekocht oder gegessen habe, vergessen werde ich dieses Highlight jedoch nie.

FÜR 4 PERSONEN

100 g gemischte Kräuter (z. B. Estragon, Petersilie, Kerbel)
4 Schalotten
2 Knoblauchzehen
2 EL Olivenöl
150 ml Weißwein
350 ml Fischfond
1 Bio-Zitrone
4 EL loser Kräutertee
20 g Ingwer, in Scheiben
4 Lachsfilets (à 120 g)
Salz
Pfeffer aus der Mühle

1 rote Paprikaschote
1 Gurke
10 g Butter
1 EL weißer Portwein
1 Limette
100 g Mie-Nudeln
1 Bund Dill

Die Kräuter abbrausen, trocken schütteln und von den Stielen zupfen. 2 Schalotten und 1 Knoblauchzehe abziehen, würfeln und in einem Dämpftopf in Olivenöl anschwitzen. Mit Weißwein ablöschen. 250 ml Fischfond angießen. Die Schale der Zitrone abreiben und mit dem Kräutertee hinzugeben. Den Dämpfeinsatz darübersetzen und mit den Kräutern belegen. Die Zitrone in Scheiben schneiden und mit dem Ingwer auf die Kräuter legen.

Die Lachsfilets auf die Kräuter legen, salzen und pfeffern. Zugedeckt bei 60–70° C 10–12 Minuten dämpfen. Darauf achten, dass der Lachs nicht zu heiß wird (Thermometer!).

Die Paprika entkernen, waschen und in dünne Streifen schneiden. Die Gurke ebenfalls waschen und in dünne Streifen schneiden. Die Butter in einer Pfanne erhitzen. Restliche Schalotten und die übrige Knoblauchzehe abziehen und fein würfeln. Zusammen mit den Gurken- und Paprikastreifen in die Pfanne geben und kurz anschwitzen. Mit Portwein und dem restlichen Fischfond ablöschen und leicht köcheln lassen.

Die Limette halbieren und eine Limettenhälfte auspressen. Die Mie-Nudeln abkochen und zu den Gurken geben. Mit Salz, Pfeffer und Limettensaft abschmecken. Dill hacken und 1 Esslöffel voll hinzufügen. Alles gut miteinander vermengen.

Die Haut von den Lachsfilets ziehen, die Filets in Stücke schneiden, salzen und pfeffern. Zusammen mit den Gurkennudeln anrichten.

GEKOCHT MIT FRANK-WALTER STEINMEIER

„Wie sieht es beim Außenminister eigentlich innen aus?"

Sanft gegarter Kabeljau

MIT GRÜN-WEISSER PETERSILIE UND WASABISCHAUM

Horst: Sanft mit seinen Produkten umgehen. Das ist ein Markenzeichen von Johann Lafer. Den Pürierstab lächelnd dazu benutzen, um einen Schaum zu erzeugen. Das ist ein Markenzeichen von Johann Lafer. Ein intelligenter, witziger und genussfreudiger Gast. Das war ein Markenzeichen des großen Hellmuth Karasek.

FÜR 4 PERSONEN

1 Bund glatte Petersilie
600 g große Petersilienwurzeln
50 g Butter
Salz
½ TL Zucker
200 g Sahne
Chili aus der Mühle

100 g Schalotten
½ junge Knoblauchknolle
200 g Knollensellerie
25 g Butterschmalz
100 ml Weißwein
50 ml weißer Portwein
400 ml Fischfond
Chili aus der Mühle
50 g Sahne
1 TL Wasabipulver oder frisch geriebener Wasabi
2 EL Schlagsahne

2 junge Knoblauchzehen
2 Zweige Thymian
2 Zweige Rosmarin
1 Zitrone
4 Kabeljaufilets, küchenfertig, ohne Haut und Gräten

Für die Petersiliencreme die Petersilie grob von den Stielen zupfen und in feine Streifen schneiden. Mit 25 ml Wasser vermengen und mindestens 30 Minuten flach ins Gefrierfach legen.

Die Petersilienwurzeln schälen, den Strunk entfernen und die Wurzel in kleine Stücke schneiden. Die Butter in einem flachen Topf erhitzen und die Petersilienwurzeln hineingeben. Mit Salz und Zucker würzen, die Sahne angießen und die Petersilienwurzeln 15 Minuten unter gelegentlichem Rühren weich garen. In der Küchenmaschine sehr fein pürieren und mit Salz und Chili abschmecken. Nun die angefrorene Blattpetersilie in der Küchenmaschine fein mixen. Das Petersilienwurzelpüree in zwei Hälften teilen, eine Hälfte mit der pürierten Blattpetersilie verrühren.

Für den Wasabischaum Schalotten, Knoblauch und Sellerie schälen und in walnussgroße Würfel schneiden. Das Butterschmalz in einem breiten Topf erhitzen und sämtliches Gemüse darin langsam hell rösten. Mit Weißwein ablöschen. Portwein zugeben, mit Fischfond aufgießen und das Ganze bei mittlerer Temperatur 10 Minuten einkochen. Den Sud durch ein feines Sieb abgießen, mit Chili und Salz abschmecken und mit der Sahne aufkochen. Kurz vor dem Servieren Wasabi und 2 Esslöffel Schlagsahne zugeben und alles mit dem Stabmixer aufschäumen.

Den Backofen auf 90° C Ober-/Unterhitze vorheizen.

Für den Fisch den Knoblauch abziehen und fein schneiden. Die Kräuter von den Stielen zupfen und ebenso fein schneiden. Den Fisch im Knoblauch und den Kräutern wälzen. Die Zitrone in Scheiben schneiden

1–2 EL Olivenöl
100 ml Weißwein
Pfeffer aus der Mühle

200 g grüne Sojabohnen (tiefgekühlt aus dem Asialaden)
2 Tomaten
1 Bund Frühlingszwiebeln
25 g Butter

und in eine Auflaufform legen. Die Fischfilets daraufsetzen und mit Olivenöl beträufeln. Den Weißwein angießen und salzen. Den Fisch mit Frischhaltefolie bedecken und im vorgeheizten Backofen auf der zweiten Schiene von unten 6–8 Minuten sanft garen.

Sojabohnen bei Zimmertemperatur auftauen lassen, die Schale mit den Fingern aufbrechen und die grünen Bohnen herausdrücken. Die Tomaten vom Strunk befreien, die Schale kreuzweise einschneiden und für einige Sekunden in kochendes Wasser tauchen. Danach sofort in eiskaltem Wasser abschrecken und die Haut mit einem Messer abziehen. Die Tomaten vierteln, die Kerne entfernen und das Fruchtfleisch in kleine Würfel schneiden. Die Frühlingszwiebeln putzen und in feine Ringe schneiden. Sojabohnen, Tomaten und Frühlingszwiebeln in der Butter kurz anschwenken.

Zum Servieren das grüne und weiße Petersilienwurzelpüree jeweils entgegengesetzt mittig in tiefe Teller geben. Den Fisch auf das Püree setzen, das Gemüse darum verteilen und reichlich Wasabischaum dazugeben.

Lichter's
GEMÜSE

Feines aus dem Wasser

Es würde mich nicht wundern, wenn Sie Horst irgendwann einmal an einem See in der Eifel, einem Bergbach in den Alpen, am Ufer eines norwegischen Lachsflusses oder beim Brandungsangeln auf der Seebrücke von Zingst mit einer Angel in der Hand antreffen würden. Sind seine Fischgerichte vielleicht deswegen so gut, weil er einst unter Tage seine Kohle verdient hat, er aber in Gedanken immer in der Natur war und somit zu einem großen Theorie-Angler wurde?

Gnocchi-Mangold-Pfanne

MIT SEELACHS

Johann: Die Gnocchi mit Mangold zu kombinieren ist eine ganz tolle Idee. Man muss nur aufpassen, dass der feine Seelachs nicht vom Mangold überdeckt wird.

FÜR 4 PERSONEN

5 Zweige bunter Mangold
30 g Butter
250 g frische Gnocchi
Salz
Pfeffer aus der Mühle
2 EL Olivenöl
100 ml Gemüsebrühe
2 EL Crème fraîche

4 Seelachsfilets ohne Haut (à ca. 150 g)
1 Zweig Rosmarin
8 Scheiben Parmaschinken
2 EL Olivenöl

rosa Pfeffer zum Anrichten

Mangold putzen und waschen, die Blätter von den Stielen zupfen. Zweige in 2 cm lange Stücke schneiden. Blätter fein schneiden.

Butter in einer Pfanne erhitzen und die Gnocchi darin goldbraun anbraten. Salzen und pfeffern. Herausnehmen und warm stellen.

Olivenöl in eine Pfanne geben, Mangoldstiele darin anbraten. Salzen und pfeffern, die Gemüsebrühe angießen und 2–3 Minuten köcheln lassen. Anschließend die Mangoldblätter unterschwenken und kurz zusammenfallen lassen. Crème fraîche unterrühren und den Mangold gegebenenfalls nochmals nachwürzen.

Die Fischfilets halbieren, salzen und pfeffern und die Rosmarinnadeln darauf verteilen. Jedes Stück Fisch mit 1 Scheibe Parmaschinken umwickeln. Olivenöl in einer Pfanne erhitzen und den Fisch darin von beiden Seiten 2–3 Minuten braten.

Gnocchi zum Mangold geben, kurz darin erwärmen und zusammen mit dem Seelachs anrichten. Mit rosa Pfeffer bestreuen und servieren.

Tipp

Hier geht jedes feste weiße Fischfleisch. Fragen Sie Ihren Fischhändler ruhig, was er im Angebot hat. Lengfisch beispielsweise ist noch weitgehend unbekannt, aber hervorragend geeignet.

GEKOCHT MIT MIRJA BOES

Lachsfilet

AUF RAHMSCHWARZWURZELN UND WILDREIS

Johann: So wie die drei L für Lafer, Lichter, Lecker stehen, stehen sie auch für Lichter liebt Lachs. Horst hat unheimlich viele Lachsgerichte in seinem Repertoire und schafft es mit sehr vielen davon, den Appetit auf diesen tollen Fisch immer wieder zu wecken.

FÜR 4 PERSONEN

Salz
200 g Wildreismischung
20 g Butter

800 ml Wasser mit ½ Teelöffel Salz zum Kochen bringen und den Wildreis in etwa 20 Minuten bei milder Hitze garen. Das verbleibende Wasser abgießen, die Butter zugeben, den Reis mit einer Gabel auflockern.

4 Lachsfilets ohne Haut (à ca. 200 g)
Pfeffer aus der Mühle
1 Bio-Zitrone
4 Zweige Thymian
2 EL Olivenöl

Lachsfilets salzen und pfeffern. Die Zitrone auspressen. Den Saft über den Fisch träufeln, die Schalen in eine große Schüssel mit kaltem Wasser legen. Thymianblättchen abzupfen und auf die Filets streuen. Olivenöl in einer Pfanne erhitzen und die Filets darin von beiden Seiten anbraten. Hitze reduzieren und den Fisch in etwa 10 Minuten fertig braten.

500 g Schwarzwurzeln
20 g Butter
100 ml Gemüsebrühe
100 g Sahne
Cayennepfeffer

Schwarzwurzeln waschen, schälen und in 3 cm lange Stücke schneiden. Zum Schälen am besten Einweghandschuhe benutzen oder unter fließendem Wasser schälen. Nach dem Schälen die Schwarzwurzeln in Zitronenwasser legen.

Butter in einer Pfanne erhitzen und die gut abgetropften Schwarzwurzeln darin anschwitzen. Gemüsebrühe und Sahne angießen, salzen und pfeffern. Schwarzwurzeln offen bei mittlerer Hitze weich garen. Den Sud dabei einkochen lassen. Mit Cayennepfeffer würzen.

GEKOCHT MIT JOCHEN SCHROPP

Lachsfilet mit Spinathaube

UND KARTOFFEL-ERBSEN-STAMPF

Johann: Ich habe in den letzten Jahren meine Liebe zur Erbse wieder neu entdeckt. Allein das Pulen der Erbsen aus den Schoten weckt in mir die Vorfreude, sie zu essen. Den Kartoffelstampf runden sie jedenfalls sehr gut ab.

FÜR 4 PERSONEN

600 g mehligkochende Kartoffeln • Salz
4 Lachsfilets ohne Haut (à ca. 180 g)
Pfeffer aus der Mühle
150 g gehackter TK-Spinat, aufgetaut
1 Zwiebel
2 EL Crème fraîche
Saft von 1 Zitrone
3 EL Semmelbrösel
50 g Butter

300 g TK-Erbsen
100 ml Gemüsebrühe
150 g Sahne • Muskatnuss
Zitronenspalten und Petersilie zum Garnieren

GEKOCHT MIT THOMAS HERMANNS

Kartoffeln waschen, schälen und grob würfeln. Knapp mit Wasser bedeckt in einen Topf geben, ½ Teelöffel Salz zufügen und bei geschlossenem Deckel zum Kochen bringen. 20 Minuten auf mittlerer Hitze weich kochen.

Den Backofen auf 200° C Ober-/Unterhitze vorheizen.

Lachsfilets salzen und pfeffern und in eine Auflaufform legen. Den Spinat gut ausdrücken und in eine Schüssel geben. Die Zwiebel abziehen, hacken und zum Spinat geben. Crème fraîche und etwas Zitronensaft unterrühren, salzen und pfeffern. Die Spinatmischung auf dem Lachs verteilen, Semmelbrösel darüberstreuen und mit einigen Butterflöckchen belegen. Im Backofen auf der mittleren Schiene 15 Minuten goldbraun überbacken. Sollte die Kruste zu dunkel werden, die Hitze auf 150° C reduzieren.

Restliche Butter in einem Topf schmelzen und die Erbsen darin anschwitzen. Gemüsebrühe und Sahne angießen und die Erbsen 5 Minuten köcheln lassen. Kartoffeln abgießen und zu den Erbsen geben. Mit Salz, Muskatnuss, etwas Zitronensaft und Pfeffer würzen. Kartoffeln mit einem Stampfer grob zerdrücken.

Den Kartoffel-Erbsen-Stampf auf Tellern anrichten. Je 1 Stück Lachs mit Spinathaube darauflegen. Mit Zitronenspalten und frischer Petersilie garnieren.

Gebratene Forellenfilets

AUF SCHMORGURKEN UND BRATKARTOFFELN

Johann: Schmorgurken sind nicht jedermanns Sache, jederfraus erst recht nicht. Gurken haben jedoch einen hohen Wasseranteil, der sich beim Kochen verflüchtigt. Somit gewinnen Schmorgurken eher an Geschmack dazu, weswegen man sie unbedingt einmal probieren sollte.

FÜR 4 PERSONEN

500 g festkochende Kartoffeln, vom Vortag
60 g Butter • 3 Zwiebeln
Salz • Pfeffer aus der Mühle

1 Salatgurke
2 EL Olivenöl
200 ml Gemüsebrühe
100 ml Sahne

4 Forellenfilets
Saft von 1 Zitrone
50 g Mehl • 2 EL Rapsöl
1 Bund Dill
2 TL Estragonsenf
1 TL Zucker

Kartoffeln schälen und in Scheiben schneiden. 40 g Butter in einer Pfanne zerlassen und die Kartoffelscheiben unter Wenden knusprig braun braten. Eine Zwiebel abziehen und klein würfeln und einige Minuten mitbraten. Kartoffeln abschließend salzen und pfeffern.

Die Gurke waschen, halbieren, die Kerne mit einem Löffel herauskratzen und die Hälften quer in etwa 1 cm dicke Scheiben schneiden. Das Olivenöl in einer Pfanne erhitzen. Die 2 restlichen Zwiebeln abziehen, fein würfeln und mit den Gurken im heißen Öl andünsten. Mit Brühe und Sahne ablöschen. Die Gurken bei mittlerer Hitze 10–15 Minuten schmoren.

Forellenfilets mit etwas Zitronensaft beträufeln, salzen und pfeffern. Filets in Mehl wenden und gut abklopfen. Die restliche Butter mit dem Rapsöl erhitzen und die Filets darin von jeder Seite 2–3 Minuten goldbraun braten. Auf Küchenpapier abtropfen lassen und warm stellen.

Den Dill kurz waschen, trocken tupfen und fein schneiden. Gemeinsam mit dem Senf unter die Gurken rühren. Die Schmorgurken mit Salz, Pfeffer, Zitronensaft und Zucker abschmecken. Die Forellenfilets zusammen mit den Schmorgurken auf einem Teller anrichten und mit etwas Dill dekorieren. Die Bratkartoffeln separat dazu reichen.

GEKOCHT MIT LARS NIEDEREICHHOLZ (MUNDSTUHL)

Forelle aus dem Ofen

MIT KARTOFFELSTAMPF UND MANDELBROKKOLI

Johann: Mir ist aufgefallen, dass Horst gerne Mandelblättchen oder -stifte in seinen Gerichten unterbringt. Wieso? Ich glaube, das hat neben der Tradition zwei Gründe: Der eine ist das leicht süßliche Aroma der Mandeln. Der andere ist das Knackige. Es ist eine Küchenweisheit, dass man immer auf der sicheren Seite ist, wenn man etwas „Crunchiges“ in einem Gericht unterbringt.

FÜR 4 PERSONEN

4 frische Forellen, küchenfertig
4 Knoblauchzehen
1 Bio-Zitrone
Salz
Pfeffer aus der Mühle
½ Bund Thymian
3 EL Olivenöl

700 g mehligkochende Kartoffeln
50 g Butter
150 ml Milch
Muskatnuss

1 Brokkoli
2 EL Mandelblättchen
30 g Butter

Den Backofen auf 180° C Ober-/Unterhitze vorheizen. Forellen waschen, trocken tupfen und auf ein Backblech legen. Knoblauch abziehen und andrücken. Die Zitrone waschen, trocken tupfen und in Scheiben schneiden. Forellen salzen und pfeffern und mit den vorbereiteten Zutaten und je 1 Zweig Thymian füllen. Mit Olivenöl beträufeln und im vorgeheizten Ofen 30 Minuten backen. Kartoffeln waschen, schälen und in einen Topf geben. Knapp mit Wasser bedecken, 1 Teelöffel Salz dazugeben und in etwa 20 Minuten weich kochen. Abgießen und auf dem Herd ausdampfen lassen. Butter, Milch und frisch geriebene Muskatnuss dazugeben und mit einem Kartoffelstampfer grob zerdrücken.

Brokkoli waschen, in Röschen teilen und 5 Minuten in Salzwasser kochen. Mandelblättchen in der Butter goldbraun anrösten. Brokkoli abgießen, zu den Mandeln geben, unterschwenken, salzen und pfeffern. Forellen aus dem Ofen nehmen. Sie sind gar, wenn sich die Rückenflosse ohne Widerstand aus dem Fleisch ziehen lässt. Forellen jeweils mit etwas Kartoffelstampf und Mandelbrokkoli anrichten. Mit der restlichen Mandelbutter beträufeln.

„Da können die Leute mal sehen, dass wir hier neben dem ganzen Gelaber auch noch kochen."

Zanderfilet im Speckmantel

MIT KOHLRABIGEMÜSE UND KARTÖFFELCHEN

Johann: Fischfilet im Speckmantel ist natürlich ein Klassiker. Der Fisch bleibt saftig, und der Speck wird knusprig, wenn alles richtig gelingt. Hinzu kommt der feine Kontrast zwischen dem salzigen Pökelgeschmack des Specks und dem feinen Fischaroma.

FÜR 4 PERSONEN

600 g kleine festkochende Kartoffeln
Salz
2 Kohlrabi • 1 Zwiebel
1 kleine Knoblauchzehe
80 g Butter
Pfeffer aus der Mühle
200 ml Gemüsebrühe
100 g Sahne
4 Zanderfilets ohne Haut (à ca. 180 g)
12–16 dünne Scheiben Tiroler Speck
2 EL Rapsöl
1 Bund Schnittlauch

Kartoffeln waschen, schälen und halbieren. In einem Topf knapp mit Wasser bedecken, 1 Teelöffel Salz zufügen und zum Kochen bringen. 10 Minuten kochen. Anschließend abgießen.

Kohlrabi waschen, schälen und in 2 cm große Würfel schneiden. Die Zwiebel und den Knoblauch abziehen und würfeln. Die Hälfte der Butter in einem Topf zerlassen, Kohlrabi, Zwiebeln und Knoblauch darin anschwitzen. Salzen und pfeffern. Gemüsebrühe und Sahne angießen, 8–10 Minuten köcheln lassen.

Zanderfilets gut trocken tupfen, leicht salzen und pfeffern und mit dem Speck umwickeln. Rapsöl in einer Pfanne erhitzen und die Zanderfilets darin von beiden Seiten in jeweils 2–3 Minuten goldbraun braten. Beiseitestellen und etwas ruhen lassen.

Die restliche Butter in einer weiteren Pfanne erhitzen und die Kartoffeln darin goldbraun braten. Salzen und pfeffern. Den Schnittlauch fein schneiden und über die Kartoffeln streuen. Kartoffeln und Kohlrabi auf Teller verteilen und je 1 Zanderfilet darauf anrichten.

Tipp

Wenn Sie ein gutes Verhältnis zu Ihrem Metzger haben, bitten Sie ihn, den Speck so zu schneiden und auf ein Papptablett zu legen, dass die Scheiben leicht übereinanderlappen und eine größere Fläche ergeben. So sparen Sie sich später das Gefummel in der Küche.

Gedünsteter Fisch

MIT SENFSAUCE, KARTOFFELN UND ENDIVIENSALAT

Johann: Fisch zu dünsten ist etwas aus der Mode gekommen. Warum eigentlich? Schließlich tritt beim Dünsten der Fischgeschmack besonders zutage. Und das meine ich positiv. Dass Senfsauce ein optimaler Begleiter zu Fisch ist, muss ich Ihnen nicht verraten, das wissen Sie längst.

FÜR 4 PERSONEN

800 g Kartoffeln
Salz • 4 Kabeljaukoteletts
Pfeffer aus der Mühle
1 Bund Suppengrün
1 Zwiebel • 2 Zitronen
250 ml Weißwein
1 EL Wacholderbeeren
5 Pfefferkörner • 1 Lorbeerblatt
30 g Butter • 2 EL Mehl
250 ml Fischfond
200 g Sahne • 3 EL Dijonsenf
Zucker • 4 EL gehackter Dill
1 Endiviensalat
½ Bund Schnittlauch
1 Bund glatte Petersilie
3 EL Pflanzenöl
2 EL Kräuteressig • 1 EL Senf
50 g Frühstücksspeck

GEKOCHT MIT THOMAS HERMANNS

Kartoffeln in kochendem Salzwasser garen. Kabeljaukoteletts abbrausen, trocken tupfen, salzen und pfeffern. Suppengrün putzen und in Stücke schneiden. Die Zwiebel abziehen und vierteln. Eine Zitrone in Scheiben schneiden. Weißwein mit ½ l Wasser, Wacholderbeeren, Pfefferkörnern, Zitronenscheiben, Lorbeerblatt, Suppengrün und 1 Prise Salz in einem großen Topf zum Kochen bringen. 10 Minuten köcheln lassen, die Hitze reduzieren und die Kabeljaukoteletts bei geschlossenem Deckel etwa 20 Minuten pochieren.

Für die Senfsauce Butter in einem Topf erhitzen, Mehl hinzufügen und nach und nach Fischfond und Sahne einrühren. So viel Flüssigkeit zugeben, dass eine sämige Sauce entsteht. Dijonsenf einrühren. Die zweite Zitrone auspressen und die Sauce mit Zitronensaft, Salz, Pfeffer und Zucker abschmecken. Vor dem Servieren 2 Esslöffel Dill unterrühren.

Salat waschen, abtropfen lassen und in feine Streifen schneiden. Schnittlauch in feine Röllchen schneiden, ½ Bund Petersilie zupfen und fein hacken. Pflanzenöl, Kräuteressig, Senf sowie Schnittlauch, Petersilie und den restlichen Dill verrühren. Mit Salz, Pfeffer und Zucker würzen.Frühstücksspeck in feine Streifen schneiden und ohne Fett kross ausbraten. Ein bis zwei Kartoffeln mit einer Gabel gut zerquetschen und in die Salatsauce einrühren. Kurz vor dem Servieren den Salat mit der Sauce vermengen und die Speckstreifen darüberstreuen.

Die Kabeljaufilets vorsichtig aus dem Topf nehmen und mit den Kartoffeln und der Senfsauce auf Tellern anrichten. Die restliche Petersilie fein hacken und über die Kartoffeln geben. Den Endiviensalat dazu servieren.

Kabeljau

MIT BOHNENRAGOUT UND BULGURSALAT

Johann: Dass Horst Bulgursalat zubereitet hat, mag verwundern, und ich gebe zu, es hat mich auch verwundert. Aber man unterschätzt immer, wie viel Lust Horst hat, sich Zutaten zu widmen, die er früher vielleicht nicht auf dem Speiseplan hatte.

FÜR 4 PERSONEN

150 g Bulgur
200 ml Gemüsebrühe
Salz
30 g Butter
50 g getrocknete Tomatenfilets
½ Bund Schnittlauch
Pfeffer aus der Mühle

500 g grüne Bohnen
30 g Butter
30 g Mehl
300 ml Gemüsebrühe
Muskatnuss
3 Zweige Bohnenkraut

4 Kabeljaufilets ohne Haut (à 200 g)
Saft von ½ Zitrone
2 EL Olivenöl
30 g Butter
Kerbel zum Garnieren

Für den Bulgursalat die Gemüsebrühe mit dem Bulgur in einem Topf aufkochen, salzen und 5–8 Minuten köcheln lassen. Beiseitestellen, Butter dazugeben und 5 Minuten quellen lassen. Die Tomatenfilets und den Schnittlauch klein schneiden, beides unter den Bulgur rühren und den Salat mit Salz und Pfeffer abschmecken.

Für das Bohnenragout die Bohnen putzen, waschen und halbieren. In reichlich kochendem Salzwasser in 5 Minuten bissfest garen, abgießen und kalt abschrecken. Die Butter in einem Topf zerlassen, das Mehl einrühren und 2–3 Minuten anschwitzen, ohne dass es Farbe annimmt. Mit der Gemüsebrühe auffüllen, dabei kräftig rühren, damit sich keine Klümpchen bilden. Die Sauce 5 Minuten köcheln lassen, mit Salz und Muskatnuss abschmecken. Nun die Bohnen dazugeben und etwa 3 Minuten in der Sauce köcheln lassen. Zuletzt das Bohnenkraut klein schneiden und unterrühren.

Kabeljaufilets trocken tupfen, mit Zitronensaft, Salz und Pfeffer würzen. Olivenöl in einer Pfanne erhitzen und die Filets darin von allen Seiten anbraten. Die Butter dazugeben und den Fisch bei milder Hitze in 3 Minuten gar ziehen lassen.

Den Bulgur mit dem Bohnenragout auf Tellern anrichten und je 1 Kabeljaufilet dazulegen. Mit Kerbel garnieren.

GEKOCHT MIT ANDREA BALLSCHUH

IM OFEN gebackener Kabeljau MIT GRÜNEN BOHNEN UND ZITRONENREIS

Johann: Beim Backen im Ofen muss man achtgeben, dass der Fisch nicht zu trocken wird. Ansonsten ist es eine feine Idee, dem Reis diese leichte Zitronennote zu geben.

FÜR 4 PERSONEN

4 Kabeljausteaks mit Mittelgräte (à ca. 225 g)
Salz
Pfeffer aus der Mühle

600 g frische grüne Bohnen
2 Knoblauchzehen
90 ml Olivenöl
12 Scheiben Frühstücksspeck
3 Bio-Zitronen
3 EL Pinienkerne

250 g Risottoreis
1 Zwiebel
50 g Butter
650 ml Gemüsebrühe
300 ml Weißwein
30 g Parmesan
Zucker

Den Backofen auf 220° C Umluft vorheizen.

Die Kabeljausteaks abbrausen, trocken tupfen und beidseitig mit Salz und Pfeffer würzen.

Die Bohnen abbrausen, putzen und in 5 cm lange Stücke schneiden. Eine Knoblauchzehe abziehen und in hauchdünne Scheiben schneiden. Die Bohnen in eine große ofenfeste Form geben, den Knoblauch darüber verteilen. Die Bohnen kräftig salzen und pfeffern, gleichmäßig mit Olivenöl beträufeln und nochmals durchmischen.

Die Bohnen so zusammenschieben, dass vier Mulden entstehen, und die Fischsteaks dort platzieren. Die Speckscheiben über den Fisch legen. Zwei Zitronen halbieren und gleichmäßig in der Form verteilen, zum Schluss alles mit Pinienkernen bestreuen. Die Form locker mit Alufolie abdecken und den Fisch auf der mittleren Schiene 15–20 Minuten backen. Nach 5 Minuten die Alufolie entfernen. Der Fisch ist gar, wenn sich die Mittelgräte leicht herausziehen lässt.

Die übrige Zitrone fein abreiben, anschließend halbieren und den Saft auspressen. Den restlichen Knoblauch und die Zwiebel abziehen und fein würfeln. 20 g Butter zerlassen, Zwiebeln und Knoblauch darin glasig andünsten. Den Reis hinzufügen und kurz mit andünsten. 200 ml Brühe und den Weißwein zugießen und einmal aufkochen lassen. Den Zitronenabrieb (ein wenig zum Garnieren aufbewahren) einrühren und den Reis bei mittlerer Hitze weiterköcheln lassen.

GEKOCHT MIT JOACHIM LLAMBI

Sobald die Flüssigkeit verdampft ist, die restliche Brühe nach und nach angießen und dabei mehrmals umrühren. Den Parmesan reiben und mit der restlichen Butter und 2 Esslöffel Zitronensaft unter den Reis heben. Den Risotto mit Salz, Pfeffer und etwas Zucker abschmecken.

Den Fisch und das Bohnengemüse auf Tellern anrichten und mit dem entstandenen Fond beträufeln. Den Risotto mit dem Rest des Zitronenabriebs bestreuen und dazu servieren.

„Sag mal, das wird ja richtig gut.
Da habe ich ja völlig falsche
Informationen bekommen.“

Mediterrane Garnelenpfanne

MIT ROSMARINKARTOFFELN

Johann: Eine leckere und gut zubereitete Rosmarinkartoffel ist durch kaum etwas zu toppen. Sie passt zu so vielem, besonders zu allem, was aus dem Mittelmeerraum stammt. Wer schon einmal in Spanien oder Portugal die großen Rosmarinbüsche am Wegesrand hat stehen sehen, wird erahnen, wieso es so passend ist.

FÜR 4 PERSONEN

400 g kleine festkochende Kartoffeln
3 Knoblauchzehen
2 Zweige Rosmarin
grobes Meersalz
4 EL Olivenöl

2 Knoblauchzehen
1 Bio-Limette
1 rote Paprikaschote
1 gelbe Paprikaschote
1 Zucchino
1 Zwiebel
2 Zweige Thymian
1 Bund Basilikum

3 EL Olivenöl
16 Garnelenschwänze ohne Kopf und Schale
100 ml Weißwein
Salz
Pfeffer aus der Mühle

Den Backofen auf 180° C Ober-/Unterhitze vorheizen.

Die Kartoffeln waschen und halbieren. Den Knoblauch abziehen und grob hacken. Die Kartoffeln auf ein Backblech setzen, mit Knoblauch, Rosmarinnadeln und Meersalz bestreuen und mit Olivenöl beträufeln. 30 Minuten im Ofen backen.

Für die Garnelenpfanne den Knoblauch abziehen und fein würfeln. Die Schale der Limette fein abreiben, den Saft auspressen. Die Paprikaschoten entkernen, waschen und in Stücke schneiden. Den Zucchino waschen und in 2 cm große Stücke schneiden. Die Zwiebel abziehen und würfeln. Die Thymianblättchen zupfen und hacken. Die Basilikumblätter abzupfen und grob schneiden.

Öl in einer Pfanne erhitzen, die Garnelen 2 Minuten darin rundherum anbraten, danach herausheben. Paprika, Zucchini, Zwiebeln und Thymian in die Pfanne geben und unter Rühren 3 Minuten braten. Das Ganze mit Weißwein ablöschen und mit Salz, Pfeffer und Limettenschale würzen. Den Limettensaft darüberträufeln. Mit Basilikum bestreuen und mit den Kartoffeln servieren.

GEKOCHT MIT YVONNE RANSBACH

BREAD
since 1994

Klassiker aufgelafert

Wenn Sie einen so großen Teil des Lebens an der Seite von Fernseh- und Sterneköchen verbracht haben, schmecken Sie es ziemlich schnell heraus, wenn es sich um ein Gericht von Johann handelt. Er kann Zutaten durch seine Zubereitung den einzigartig schmackhaften Johann-Lafer-Stempel aufdrücken, egal, wie oft Sie das Gericht, das er gerade zubereitet hat, vorher schon einmal gegessen haben. Ich sage dazu immer, dass er ein Gericht „auflafern" kann.

Backhendl von der Maispoularde

AUF KÜRBISPÜREE UND MARINIERTEM FELDSALAT

Horst: Es war immer ein hart erspartes Highlight meiner Kindheit, wenn wir mal essen gehen konnten. Und der höchste der Genüsse war der Besuch eines Restaurants mit dem Gockel im Logo. Hätte man mir damals erzählt, dass ich einmal von einem echten Österreicher als Freund das vielleicht beste Backhendl aller Zeiten serviert bekommen würde, ich hätte es nicht geglaubt.

FÜR 4 PERSONEN

4 Maispoulardenbrüste
Salz
Pfeffer aus der Mühle
2 Eier
50 g Sahne, leicht geschlagen
½ Bund Thymian
2 Zweige Rosmarin
200 g Semmelbrösel
150 g Mehl
250 g Butterschmalz

800 g Muskatkürbis
1 Zwiebel
1 Knoblauchzehe
30 g Butter
1 Zimtstange
2 Sternanis
250 ml Weißwein
Muskatnuss
2 EL Crème fraîche

150 g Feldsalat
2 EL Weißweinessig
1 TL Senf
1 TL Honig
6 EL Kürbiskernöl
50 g Kürbiskerne

Die Haut der Maispoulardenbrüste abziehen. Das Fleisch in 3 cm dicke Streifen schneiden, salzen und pfeffern. Eier mit der Sahne verquirlen. Thymian und Rosmarin hacken und unter die Semmelbrösel mischen. Die Brüste in Mehl wenden, durch das Ei ziehen und in den Semmelbröseln wenden. Butterschmalz in einer tiefen Pfanne erhitzen. Die Maispoulardenbrüste bei mittlerer Hitze langsam goldbraun und knusprig ausbacken. Auf Küchenpapier abtropfen lassen und warm stellen.

Den Kürbis waschen, in Achtel schneiden und entkernen. Zwiebel und Knoblauch abziehen und grob hacken. Den Backofen auf 180° C Ober-/Unterhitze vorheizen. Die Kürbisstücke auf ein Backblech stellen, Butter, Zimt, Sternanis, Zwiebel und Knoblauch auf den Achteln verteilen. Weißwein auf das Blech gießen. Alles gut mit Alufolie bedecken und fest verschließen. Den Kürbis im Backofen in etwa 1 Stunde weich garen. Anschließend die Gewürze entfernen und Kürbisfleisch von den Schalen lösen. Kürbisfleisch, Zwiebel, Knoblauch und den Sud im Standmixer fein pürieren. Das Püree mit Salz, Pfeffer und Muskatnuss würzen und die Crème fraîche unterrühren.

Den Feldsalat putzen, waschen und trocken schütteln. Für das Dressing den Essig mit Senf und Honig verrühren. 3 Esslöffel Kürbiskernöl unterschlagen und mit Salz abschmecken. Den Feldsalat mit dem Dressing marinieren. Die Kürbiskerne in einer Pfanne ohne Fett anrösten.

Das Kürbispüree auf Tellern verteilen, die Maispoulardenbrüste darauflegen. Den Feldsalat dazu anrichten. Alles mit den gerösteten Kürbiskernen und etwas Kürbiskernöl garnieren.

Geschmorte Kalbsbäckchen

MIT STEINPILZKNÖDELN UND WIRSING

Horst: Kalbsbäckchen finden bei Ihnen, verehrte Leserin oder verehrter Leser, wahrscheinlich nicht allzu häufig Verwendung. Anders in der Sternegastronomie. Ganz wichtig: Die Backen müssen gaaaaaanz lang geschmort werden, damit Sie nicht gaaaanz lange darauf rumkauen müssen. Das Rezept hier soll ein Ansporn sein.

FÜR 4 PERSONEN

4 Kalbsbäckchen
Salz
Pfeffer aus der Mühle
1 EL Mehl
30 g Butterschmalz
4 Schalotten
¼ Knollensellerie
2 Knoblauchzehen
1 mittelgroße Karotte
2 EL Tomatenmark
400 ml Rotwein
500 ml Rinderfond
3 Zweige Thymian
2 Zweige Rosmarin
1 Lorbeerblatt

10 g getrocknete Steinpilze
250 g altbackene Brötchen

GEKOCHT MIT HEINO FERCH

Den Backofen auf 160° C Ober-/Unterhitze vorheizen.

Die Bäckchen zurechtschneiden, salzen und pfeffern und mit Mehl bestäuben. Butterschmalz in einem Bräter erhitzen und die Bäckchen von allen Seiten goldbraun anbraten. Schalotten, Sellerie, Knoblauch und die Karotte waschen, schälen und würfeln. Das Gemüse zu den Bäckchen geben und mit dem Fleisch so lange anbraten, bis alles eine goldbraune Farbe bekommt. Tomatenmark dazufügen, kurz mitrösten und mit einem Teil Rotwein ablöschen. Etwas einkochen lassen und erneut mit Rotwein ablöschen. Mehrmals wiederholen, bis der Wein aufgebraucht ist. Rinderfond angießen, Kräuter zugeben und die Bäckchen bei geschlossenem Deckel je nach Größe 1–1½ Stunden im Ofen weich schmoren.

Steinpilze 10 Minuten in warmem Wasser einweichen. Abgießen und klein hacken. Die Brötchen klein würfeln und in eine Schüssel geben. Schalotten und Knoblauch abziehen und fein würfeln. Butter in einer Pfanne erhitzen, Zwiebeln, Knoblauch und Steinpilze darin andünsten. Mit der Milch ablöschen und kurz aufkochen lassen. Alles mit Salz, Pfeffer und Muskat würzen und über die Brötchenwürfel gießen. Eier dazugeben, gut mischen und 5 Minuten ziehen lassen. Petersilie abbrausen, trocken tupfen, fein hacken und unter den Knödelteig geben. Frischhaltefolie und Alufolie übereinanderlegen, den Knödelteig daraufgeben und zu einer Rolle aufrollen. Die Enden wie bei einem Bonbon eindrehen.

Aus der Masse kleine Knödel formen. Reichlich Wasser in einem Topf zum Kochen bringen und die Knödel darin 10 Minuten ziehen lassen.

2 Schalotten
1 Knoblauchzehe
20 g Butter
200 ml Milch
Muskatnuss • 2 Eier
4 Zweige Petersilie

1 Wirsing (ca. 600 g)
20 g Butter
100 ml Sahne
100 ml Gemüsebrühe

Die äußeren Blätter vom Wirsing entfernen, den Kopf halbieren und in Streifen schneiden. Butter in einer Pfanne zerlassen, den Wirsing darin andünsten, bis er leicht Farbe nimmt. Sahne und Gemüsebrühe angießen und 5–8 Minuten köcheln lassen. Mit Salz und Pfeffer abschmecken.

Die geschmorten Bäckchen aus dem Bräter nehmen und warm stellen. Die Sauce durch ein Sieb passieren und gut durchdrücken, sodass etwas von dem Gemüse mitpassiert wird. Die Sauce nochmals aufkochen, evtl. mit Speisestärke binden und mit Salz und Pfeffer abschmecken. Kalbsbäckchen mit der Sauce anrichten, den Wirsing und die in Scheiben geschnittenen Steinpilzknödel dazu reichen.

Kalbsrahmgeschnetzeltes

AUF KARTOFFEL-SPARGEL-RÖSTI UND GURKEN-RADIESCHEN-SALAT

Horst: Wo der Herr Lichter von Sahne spricht, schreibt der Herr Lafer das Wort Rahm in den Titel, und schon hört sich das Ganze gleich viel leichter und „sterniger" an. Und aus dem Klassiker Zürcher Geschnetzeltes wird durch angelaferten Spargel im Rösti gleich etwas ganz Besonderes.

FÜR 4 PERSONEN

600 g ausgelöster Kalbsrücken
1 EL Speisestärke
2 EL Sojasauce
2 rote Zwiebeln
1 Knoblauchzehe
200 g braune Champignons
1 EL Butterschmalz
2 cl Cognac • 200 ml Kalbsfond
150 g Sahne
Salz • Pfeffer aus der Mühle
500 g festkochende Kartoffeln
500 g weißer Spargel
2 EL Butterschmalz
2 EL Butter
1 Salatgurke • 1 Bund Radieschen
3 EL Weißweinessig • 1 TL Senf
1 TL Honig • 3 EL Rapskernöl
1 Bund Kerbel
1 Bund Schnittlauch

GEKOCHT MIT JEANETTE BIEDERMANN

Den Kalbsrücken in Streifen schneiden. Speisestärke mit Sojasauce verrühren und das Fleisch darin marinieren. Zwiebeln abziehen und in Spalten schneiden. Knoblauch abziehen und klein würfeln. Champignons putzen, Stiele entfernen und die Köpfe halbieren. Butterschmalz in einem Bräter erhitzen. Das Fleisch darin portionsweise anbraten. Herausnehmen und beiseitestellen. Zwiebeln und Pilze im Bräter anbraten, den Knoblauch kurz mit anschwitzen. Den Bratensatz mit Cognac ablöschen. Kalbsfond und Sahne angießen und aufkochen lassen. Die Sauce salzen und pfeffern und 2–3 Minuten köcheln lassen.

Die Kartoffeln waschen, schälen und grob raspeln. Spargel waschen, schälen und ebenfalls grob raspeln. Beides in einer Schüssel mischen. 1 Esslöffel Butterschmalz in einer großen Pfanne zerlassen. Die Hälfte der Kartoffelmischung dazugeben, zu einem Kuchen zusammendrücken und bei mittlerer Hitze langsam goldbraun backen. Rösti wenden udn weiterbacken. 1 Esslöffel Butter in Flöckchen am Rand verteilen und den Rösti darin schwenken. Einen zweiten Rösti auf dieselbe Weise herstellen. Beide Rösti salzen und pfeffern und warm stellen.

Die Salatgurke schälen, längs halbieren, entkernen und in Streifen schneiden. Radieschen waschen, putzen und vierteln. Beides in einer Schüssel mischen. Aus Weißweinessig, Senf, Honig, Rapskernöl und etwas Salz ein Dressing anrühren. Gurken und Radieschen damit marinieren. Den Kerbel abbrausen, trocken schütteln, grob zupfen und zum Salat geben.

Das Fleisch kurz in der Sauce erhitzen. Schnittlauch in Röllchen schneiden und zur Sauce geben. Rösti halbieren, das Kalbsrahmgeschnetzelte darauf anrichten. Den Salat dazu servieren.

Wiener Schnitzel

MIT KÜRBIS-BRATKARTOFFELN UND STEIRISCHEM GURKENSALAT

Horst: Sollten Sie die Handynummer von Johann besitzen, rufen Sie ihn doch mal mitten in der Nacht an und bitten Sie ihn, sofort ein Wiener Schnitzel zuzubereiten. Ich garantiere Ihnen, er kann es, wie im Schlaf, und es gibt in diesem Sonnensystem keinen, der es besser könnte als er.

FÜR 4 PERSONEN

300 g festkochende Kartoffeln
300 g Hokkaidokürbis
3 Schalotten
60 g durchwachsener Speck
½ Bund glatte Petersilie
30 g Butterschmalz
50 g Butter
Salz
Pfeffer aus der Mühle

Für die Kürbis-Bratkartoffeln die Kartoffeln in 20 Minuten weich garen. Abgießen, kurz abkühlen lassen und pellen. Halbieren oder in Stücke schneiden. Den Kürbis waschen und entkernen. Kürbisfleisch in Stücke schneiden. Schalotten abziehen und würfeln. Speck klein würfeln. Petersilie abbrausen und fein schneiden. Butterschmalz in einer großen Pfanne zerlassen. Kartoffeln und Kürbis darin goldbraun anbraten. Speck zugeben und so lange mitbraten, bis er schön kross ist. Schalotten und Butter zufügen, salzen und pfeffern und das Gemüse weitere 2–3 Minuten braten. Die Petersilie kurz vor dem Servieren unterschwenken.

4 Kalbsschnitzel aus der Oberschale (à ca. 120 g)
2 Eier
2 EL leicht geschlagene Sahne
50 g Mehl
150 g Semmelbrösel
200 g Butterschmalz

Die Schnitzel zwischen zwei Lagen Frischhaltefolie dünn ausklopfen. Salzen und pfeffern. Eier und Sahne in einer Schüssel verquirlen, salzen und pfeffern. Die Schnitzel im Mehl wenden, überschüssiges Mehl abklopfen, dann durch das Ei ziehen und in den Semmelbröseln panieren. Butterschmalz in einer Pfanne erhitzen und die Schnitzel schwimmend von beiden Seiten goldgelb ausbacken, dabei die Pfanne schwenken. Auf Küchenpapier abtropfen lassen.

1 rote Zwiebel
1 Salatgurke
2 EL Weißweinessig
2 EL Kürbiskernöl
Zucker
3 EL gehackter Dill
2 EL Kürbiskerne

Für den Gurkensalat die Zwiebel abziehen und würfeln. Die Gurke schälen und in Scheiben schneiden. In einer Schüssel mit etwas Salz kneten. 5 Minuten ziehen lassen, das Wasser abgießen. Gurken und Zwiebeln mit Weißweinessig, Kürbiskernöl, etwas Zucker und dem Dill abschmecken. Kürbiskerne ohne Fett rösten und über den Salat streuen. Die Kürbis-Bratkartoffeln auf einer Platte anrichten. Die Schnitzel darauflegen und den Salat dazu servieren.

GEKOCHT MIT INGOLF LÜCK

Pilz-Maultaschen

IM KRÄUTER-KARTOFFEL-SUD

Horst: Maultaschenrezepte gibt es wie Sand am Meer. Leckere Maultaschenrezepte gibt es wie Kiesel am Flussufer. Leckere Pilz-Maultaschen gibt es wie Findlinge am Elbstrand. Und dieses Rezept schmeckt einfach einmalig.

FÜR 4 PERSONEN

150 g Mehl
150 g Hartweizengrieß
Salz
5 Eier • 1 EL Öl

1 altbackenes Brötchen
150 ml warme Milch
2 Schalotten
1 Knoblauchzehe
½ Bund Schnittlauch
400 g gemischte Pilze (Austernpilze, Shiitake, Kräuterseitlinge)
150 g Butter
2 EL Semmelbrösel
Pfeffer aus der Mühle
Muskatnuss

250 g mehligkochende Kartoffeln • 1 Zwiebel
5 Scheiben Frühstücksspeck
700 ml kräftige Gemüsebrühe
Chili aus der Mühle
½ Bund glatte Petersilie
½ Bund Kerbel
Saft von 1 Zitrone

Mehl, Grieß und 1 Teelöffel Salz in einer Schüssel mischen. Eine Mulde hineindrücken, 3 Eier und das Öl hineingeben. Die Zutaten von der Mitte aus vermischen, das Mehl nach und nach unterkneten. Den Nudelteig mindestens 10 Minuten kräftig kneten. In Frischhaltefolie wickeln und 2 Stunden im Kühlschrank ruhen lassen.

Für die Füllung das Brötchen in Würfel schneiden und 10 Minuten in der Milch einweichen. Die Schalotten und den Knoblauch abziehen und fein würfeln. Den Schnittlauch in feine Ringe schneiden. Die Pilze mit einem Pinsel von Schmutz befreien und grob würfeln. 50 g Butter in einer Pfanne zerlassen und die Pilze darin anbraten. Schalotten und Knoblauch zufügen und 5 Minuten mitbraten. Die Pilze etwas abkühlen lassen und mit dem eingeweichten Brötchen, 1 Ei, Semmelbröseln und der Hälfte des Schnittlauchs mischen. Anschließend mit Salz, Pfeffer und frisch geriebener Muskatnuss kräftig würzen.

Das übrige Ei trennen. Den Nudelteig dünn ausrollen und in 10 x 7 cm große Rechtecke schneiden. Je 1 Esslöffel Füllung auf den Teigrechtecken verteilen. Die Ränder mit Eigelb bestreichen und den Teig von der schmalen Seite aus zweimal zusammenfalten. Die Ränder gut andrücken und mit einem Zackenrädchen schneiden. Maultaschen mit der Hand flach drücken, damit die typische Form entsteht. (Noch schneller geht das Formen der Maultaschen mit einem Ravioliausstecher.)

Leicht gesalzenes Wasser in einem großen Topf zum Kochen bringen. Die Maultaschen ca. 8 Minuten darin ziehen lassen.

Die Kartoffeln schälen und in Würfel schneiden. Die Zwiebel abziehen und zusammen mit dem Speck grob würfeln. 50 g Butter in einem Topf erhitzen. Die Kartoffel- und Zwiebelwürfel sowie den Speck darin anschwitzen. Mit Brühe auffüllen und die Kartoffeln sehr weich kochen.

Den Sud mit den Kartoffeln durch ein feines Sieb drücken, in den Topf zurückgeben, einmal aufkochen und mit Salz, Pfeffer und Chili würzen. Die Petersilie und den Kerbel fein hacken. Zitronensaft, die restliche Butter, Petersilie, Kerbel und den übrigen Schnittlauch unterrühren. Die Maultaschen im heißen Sud servieren.

Wiener Tafelspitz

MIT APFELKREN, RAHMSPINAT UND BOUILLONKARTOFFELN

Horst: Als Johann den Rezepttitel vorlas, befürchtete ich, er würde Krähen servieren. Er nuschelt auch manchmal recht in seinen Bart hinein. Ich dachte, Spitzenköche hauen ja auch Wachteln und Tauben in die Pfanne, da ist alles möglich, und freute mich auf den Rahm im Spinat.

FÜR 4 PERSONEN

500 g Markknochen
1 kg Tafelspitz
1 Gemüsezwiebel
3 Zweige Liebstöckel
3 TL schwarze Pfefferkörner
5 Wacholderbeeren
2 Lorbeerblätter
3 Nelken
1 EL grobkörniges Salz

600 g Blattspinat
2 Schalotten
1 Knoblauchzehe
30 g Butter
150 g Sahne
Salz • Pfeffer aus der Mühle
Muskatnuss
½ Knollensellerie
1 Stange Lauch
3 Karotten
6 mittelgroße, vorwiegend festkochende Kartoffeln

50 g frischer Meerrettich
1 säuerlicher Apfel
Saft von 1 Zitrone
1 Prise Zucker

Die Markknochen 3 Minuten in kochendem Wasser blanchieren. Herausnehmen und in Eiswasser abschrecken. Den Tafelspitz waschen, trocken tupfen, ebenfalls 3 Minuten blanchieren und kalt abschrecken. Die Zwiebel mit Schale halbieren und die Schnittflächen in einer Pfanne ohne Fett bei mittlerer Hitze anrösten. Den Tafelspitz in einen großen Topf geben und mit 3 l kaltem Wasser bedecken. Die blanchierten Markknochen sowie den Liebstöckel dazugeben und alles einmal aufkochen lassen. Die Pfefferkörner zerstoßen, die Wacholderbeeren andrücken und mit den Lorbeerblättern, der angerösteten Zwiebel sowie den Nelken und dem grobkörnigen Salz in den Topf geben. Sobald das Wasser wieder kocht, die Hitze reduzieren und das Fleisch 2½ Stunden garen.

Für den Rahmspinat den Spinat putzen, waschen und grob zerkleinern. Die Schalotten und den Knoblauch abziehen und klein würfeln. Die Butter in einer Pfanne zerlassen, Schalotten und Knoblauch darin anschwitzen. Sahne angießen und mit Salz, Pfeffer und frisch geriebener Muskatnuss würzen. 5 Minuten köcheln lassen. Den Spinat zugeben und kurz zusammenfallen lassen.

Knollensellerie, Lauch, Karotten und Kartoffeln putzen bzw. waschen und in walnussgroße Stücke schneiden. ½ l Tafelspitzbrühe in einen Topf abseihen und das Gemüse 15–20 Minuten darin köcheln lassen.

Nun das Fleisch herausheben, quer zur Faser in Scheiben schneiden und mit dem Gemüse auf Tellern anrichten. Den Spinat separat dazu servieren. Den Meerrettich und den Apfel schälen, reiben, mit 2 Esslöffel Zitronensaft und Zucker mischen und zum Tafelspitz servieren.

Rehrücken à la Bourguignon

MIT MARONENKNÖDELN UND ROSENKOHLSALAT

Horst: Mit Susanne Fröhlich an der Seite kann Johann eigentlich alles kochen, und bei ihr ist der Name Programm: Wir haben viel gelacht in der Sendung und dazu sehr gut gegessen.

FÜR 4 PERSONEN

500 g mehligkochende Kartoffeln
250 g gegarte, vakuumverpackte Maronen
2 Eigelb
2 EL Speisestärke
Salz • Muskatnuss
30 g Butter
2 EL Semmelbrösel

Für die Maronenknödel die Kartoffeln gründlich waschen und mit Schale im Ofen bei 180° C 1 Stunde garen. Danach die Maronen grob hacken. Heiße Kartoffeln halbieren, mit der Schnittfläche nach unten durchpressen, die Schalen entfernen. Die Kartoffelmasse mit den Maronen, Eigelben, Stärke, etwas Salz und frisch geriebener Muskatnuss in einer Schüssel vermengen. Aus der Masse kleine Knödel formen und in leicht siedendem, gesalzenem Wasser etwa 10 Minuten ziehen lassen. Butter in einer Pfanne zerlassen, Semmelbrösel dazugeben, leicht salzen und die fertigen, gut abgetropften Knödel darin wenden.

1 Zweig Rosmarin
½ TL Wacholderbeeren
700 g ausgelöster Rehrücken
Pfeffer aus der Mühle
2 EL Olivenöl

Den Backofen auf 100° C Ober-/Unterhitze vorheizen. Den Rosmarin fein hacken, die Wacholderbeeren im Mörser zerstoßen. Das Rehrückenfilet salzen und pfeffern. Rosmarin und Wacholder darüberstreuen und gut einmassieren. Olivenöl in einer großen Pfanne erhitzen und das Fleisch darin anbraten. Auf einem Gitter 30–35 Minuten im Ofen garen.

1 Bund Suppengemüse
1 EL Tomatenmark
50 ml roter Portwein
300 ml Burgunder
200 ml Wildfond
50 g kalte Butterwürfel

In der Zwischenzeit das Suppengemüse waschen, putzen und schälen und in mundgerechte Stücke schneiden. Das Gemüse in die Pfanne geben und im verbliebenen Öl anbraten. Tomatenmark dazugeben, kurz anrösten und mit dem Portwein ablöschen. Burgunder und Wildfond

500 g Rosenkohl
2 EL weißer Aceto balsamico
2 EL Rapskernöl
1 TL Ahornsirup
1 Bund Schnittlauch

Fleur de Sel

angießen und um die Hälfte einkochen, dabei das Gemüse weich garen. Die Sauce salzen und pfeffern und die kalten Butterwürfel unterrühren.

Für den Salat den Rosenkohl putzen und die Blätter einzeln ablösen. Reichlich Wasser zum Kochen bringen, leicht salzen und die Blätter darin 1–2 Minuten blanchieren. Abgießen und in Eiswasser abschrecken. Gut abtropfen lassen. Aus Aceto balsamico, Ahornsirup, etwas Salz und Pfeffer sowie Rapskernöl ein Dressing anrühren und den Rosenkohl damit marinieren. Schnittlauch fein schneiden und zum Salat geben.

Zum Anrichten das Fleisch in Tranchen schneiden, mit Fleur de Sel würzen und mit Sauce und Schmorgemüse auf Teller verteilen. Die Knödel und den Rosenkohlsalat dazu servieren.

Fleisch satt

Ich muss sagen, dass ich in den Jahren mit Horst meine Liebe zu Fleischgerichten neu entdeckt habe. Am Anfang hatte ich noch ein wenig Angst, allein beim Anblick von Horsts Kotelett- oder Steakgrößen, weil er immer sagte, dass alles unter 400 Gramm Carpaccio sei. Das besonders Reizvolle daran ist aber, dass seine Fleischgerichte von einer so hohen Qualität sind, dass man nicht genug bekommen kann. Da helfen die großen Portionen.

Gebratene Putenspieße

MIT GEMÜSERISOTTO

Johann: Eine der wenigen Sendungen, in der ich (mit Caroline Beil an der Seite) deutlich früher fertig wurde als Horst und in diesem Fall Michael Lesch. Vielleicht lag es daran, dass Michael einen Obstsalat gemacht hat und Horst schon einen Applaus dafür einforderte, dass der Mann an seiner Seite eine Banane geschält hat.

FÜR 4 PERSONEN

3 gelbe Paprikaschoten
2 Zucchini • 250 g Tomaten
1 Bund Frühlingszwiebeln
3 Knoblauchzehen
je 1 Bund Thymian und Basilikum

5 EL Butter
300 g Risottoreis
Salz • Pfeffer aus der Mühle
180 ml trockener Weißwein
600 ml Gemüsebrühe

600 g Putenbrustfilet
2 Zwiebeln
2 rote Paprikaschoten
2 EL Olivenöl • 1 TL Paprikapulver
50 g Parmesan

Gelbe Paprika und Zucchini putzen, waschen und in feine Würfel schneiden. Tomaten kreuzweise einritzen, mit heißem Wasser überbrühen, häuten und ebenfalls in kleine Würfel schneiden. Die Frühlingszwiebeln putzen und abbrausen, die weißen Teile in Würfel, die grünen Teile in feine Ringe schneiden. Den Knoblauch abziehen und fein hacken. Thymian und Basilikum abbrausen, trocken tupfen und die Blätter fein hacken, einige Blätter zum Garnieren aufheben.

3 Esslöffel Butter zerlassen und den Knoblauch, etwas Thymian und die weißen Frühlingszwiebelwürfel darin andünsten. Reis, Paprika und Zucchini hinzufügen, kurz mitdünsten, salzen und pfeffern. Mit Weißwein ablöschen und mit der Brühe auffüllen. Den Risotto bei milder Hitze etwa 20 Minuten garen, dabei öfter umrühren.

Die Putenbrustfilets abbrausen, trocken tupfen und in grobe Würfel schneiden. Die Zwiebeln abziehen und in Spalten schneiden. Rote Paprika entkernen, waschen und in Stücke schneiden. Fleisch, Zwiebeln und Paprika abwechselnd auf vier Holzspieße stecken. Das Öl in einer Pfanne erhitzen und die Putenspieße darin unter Wenden etwa 8 Minuten braten, dabei mit Salz, Pfeffer und Paprikapulver rundum würzen. Kurz vor Ende der Garzeit Tomaten, grüne Frühlingszwiebelringe und Basilikum unterrühren. Den Parmesan reiben und mit der übrigen Butter in den Risotto rühren. Mit Salz und Pfeffer abschmecken.

Den Gemüserisotto mit den Putenspießen auf einer Platte anrichten und, mit dem restlichen Thymian und Basilikum garniert, servieren.

Fächerhähnchen

MIT TOMATE UND MOZZARELLA UND BASILIKUMNUDELN

Johann: Mit Steven Gätjen stand im Grunde halb Hollywood bei uns im Studio. Ich wusste nicht, dass Horst so ein Hollywood-Fan ist, aber an diesem Tag lief er zur Höchstform auf.

FÜR 4 PERSONEN

4 Hähnchenbrüste
2 Roma-Tomaten
1 Büffelmozzarella
Salz
Pfeffer aus der Mühle
2 EL Olivenöl

300 g Bandnudeln
1 Bund Basilikum
50 ml Olivenöl
50 g Parmesan

Den Backofen auf 180° C Ober-/Unterhitze vorheizen.

Hähnchenbrüste auf der Oberseite im Abstand von etwa 1–2 cm tief einschneiden. Tomaten waschen, den Blütenansatz ausschneiden und die Tomaten in Scheiben schneiden. Den Mozzarella in Scheiben schneiden. Das Fleisch salzen und pfeffern und abwechselnd Tomaten- und Mozzarellascheiben in das Fleisch stecken. Auf ein Backblech legen und mit dem Olivenöl beträufeln. Etwa 20 Minuten garen. Anschließend den Grill zuschalten und die Hähnchenbrüste unter Aufsicht kurz gratinieren.

Reichlich Wasser in einem großen Topf zum Kochen bringen. 1 Teelöffel Salz zugeben und die Nudeln darin bissfest garen. Basilikum abbrausen und trocken tupfen (einige Blätter zum Anrichten aufbewahren) und mit dem Olivenöl zu einer feinen Paste mixen, ggf. 2–3 Esslöffel Nudelwasser dazugeben. Das Basilikumöl mit Salz und Pfeffer abschmecken.

Die Nudeln abgießen und das Basilikumöl unterheben. Die Hähnchen auf den Nudeln anrichten und mit den restlichen Basilikumblättern garnieren. Mit etwas Pfeffer und gehobeltem Parmesan bestreuen.

Speckhähnchen

MIT KARTOFFELSTAMPF UND FRISCHEM KRAUTSALAT

Johann: Es lohnt sich sehr, Krautsalat einmal selber zu machen. So kann man sicher sein, weder Geschmacksverstärker noch Konservierungsstoffe zu sich nehmen zu müssen.

FÜR 4 PERSONEN

4 Hähnchenbrüste
Salz • Pfeffer aus der Mühle
1 TL getrockneter Majoran
8 Scheiben durchwachsener Speck
1 EL Olivenöl

600 g mehligkochende Kartoffeln
100 ml Milch
50 g Butter
Muskatnuss

400 g Weißkohl
1 Zwiebel
2 EL Rapsöl
2 TL Senf • 2 EL Weißweinessig
50 ml Rinderfond
Zucker

Den Backofen auf 140° C Ober-/Unterhitze vorheizen. Die Hähnchenbrüste mit Salz, Pfeffer und Majoran würzen. Jeweils 2 Speckscheiben auslegen und die Hähnchenbrüste darin einschlagen. Olivenöl in einer Pfanne erhitzen und die Hähnchenbrüste darin von allen Seiten knusprig anbraten. Etwa 10 Minuten im Ofen weitergaren.

Die Kartoffeln waschen, schälen und grob würfeln. Knapp mit Salzwasser bedecken und weich kochen, dann abgießen. Milch und Butter dazugeben und die Kartoffeln grob stampfen. Mit Salz und frisch geriebener Muskatnuss würzen und die Kartoffeln weiter stampfen.

Den Weißkohl sehr dünn hobeln, mit ½ Teelöffel Salz bestreuen, kräftig durchkneten und 10 Minuten ziehen lassen. Die Zwiebel abziehen, klein würfeln und in 2 Esslöffel Rapsöl anschwitzen. Senf, Weißweinessig, Rinderfond sowie 1 Teelöffel Zucker zufügen und 2 Minuten köcheln lassen. Die Marinade zum Weißkohl geben und alles gut mischen. Weitere 10 Minuten ziehen lassen und den Krautsalat noch einmal mit Salz, Pfeffer und Zucker abschmecken.

Die Hähnchenbrüste halbieren und zusammen mit dem Kartoffelstampf auf Tellern anrichten. Den Krautsalat dazu servieren.

GEKOCHT MIT CLAUDIA KLEINERT

Kalbsröllchen

MIT BOHNENGEMÜSE UND KARTOFFELSTAMPF

Johann: Wenn Paare in der Sendung kochen, liegt immer eine besondere Spannung auf allem. Bei Marianne und Michael bestätigte sich, was jeder, der sie kennt, schon immer dachte. Die beiden gehen durch dick und dünn und sind sich einig, wenn es um Genuss und Genießen geht.

FÜR 4 PERSONEN

4 Kalbsfiletmedaillons (à 170 g; Mittelstück)
Salz • Pfeffer aus der Mühle
2 TL Senf
8 Scheiben Frühstücksspeck
3 EL Rapsöl

500 g mehligkochende Kartoffeln
150 ml Milch
50 g Butter
Muskatnuss

400 g grüne Bohnen
1 Zwiebel
2 Zweige Bohnenkraut

Küchengarn

GEKOCHT MIT MARIANNE (MARIANNE UND MICHAEL)

Die Medaillons in der Mitte mit einem Schmetterlingsschnitt einschneiden, das Fleisch aufklappen und vorsichtig plattieren. Salzen und pfeffern, mit Senf bestreichen und mit jeweils 1 Scheibe Frühstücksspeck belegen. Die Seiten leicht einklappen und das Fleisch zu Röllchen aufdrehen. Mit Küchengarn festbinden und von außen ebenfalls salzen und pfeffern. 2 Esslöffel Rapsöl in einer Pfanne erhitzen und die Kalbsröllchen darin von allen Seiten anbraten. Auf ein Gitter legen und im 120 °C heißen Ofen 15 Minuten garen.

Kartoffeln, waschen, schälen und grob würfeln. In einem Topf knapp mit Wasser bedecken, leicht salzen und weich garen. Abgießen und in den Topf zurückgeben. Die Milch mit der Butter aufkochen und kräftig mit Salz und frisch geriebener Muskatnuss würzen. Die heiße Milch zu den Kartoffeln geben und mit einem Kartoffelstampfer kurz vermengen.

Die Bohnen waschen, putzen und in 4 cm lange Stücke schneiden. In reichlich gesalzenem Wasser bissfest kochen, abgießen und abschrecken. Die Zwiebel abziehen und klein würfeln, den restlichen Frühstücksspeck ebenfalls klein schneiden. Beides mit 1 Esslöffel Rapsöl in der Pfanne anschwitzen. Bohnen dazugeben, salzen, pfeffern und etwa 3–5 Minuten mitgaren. Das Bohnenkraut fein hacken und unter die Bohnen mischen.

Zum Anrichten Kartoffelstampf und Bohnen auf Teller verteilen. Das Küchengarn von den Röllchen entfernen und die Röllchen in Scheiben schneiden. Diese auf dem Gemüse anrichten.

MIT BACKOBST GEFÜLLTE

Schweinemedaillons

AUF KARTOFFEL-WIRSING-GEMÜSE

Johann: Schwein mit Backobst zu füllen ist eine sehr gute Idee. Schweinefleisch sollte ja im Gegensatz zu Rind und Lamm eher durchgegart werden, weswegen man Gefahr läuft, dass es austrocknet. Dem wirkt die Backobstfüllung perfekt entgegen.

FÜR 4 PERSONEN

600 g festkochende Kartoffeln
1 Wirsing
2 EL Olivenöl
Salz • Pfeffer aus der Mühle
Muskatnuss
250 ml Gemüsebrühe

8 Schweinefiletmedaillons (à ca. 80 g)
150 g gemischtes Backobst
1 Eigelb
30 g weiche Butter
2 EL Semmelbrösel
8 Scheiben Frühstücksspeck
2 EL Olivenöl
1 Bund glatte Petersilie

GEKOCHT MIT DANIELA ZIEGLER

Die Kartoffeln waschen, schälen und in Würfel schneiden. Den Wirsing putzen, waschen, den Strunk entfernen und die Hälften in Streifen schneiden. Olivenöl in einem Bräter erhitzen und die Kartoffelwürfel darin anbraten. Den Wirsing auf die Kartoffeln geben, mit Salz, Pfeffer und Muskat würzen. Die Gemüsebrühe angießen und das Gemüse bei geschlossenem Deckel etwa 15 Minuten schmoren.

Die Medaillons vorsichtig an der Seite aufschneiden und aufklappen. Leicht plattieren, salzen und pfeffern. Das Backobst grob hacken und mit Eigelb, Butter und Semmelbröseln mischen. Die Füllung auf das Fleisch geben und die Medaillons wieder zusammenklappen. Jedes Medaillon mit 1 Scheibe Frühstücksspeck umwickeln, dabei die offene Seite gut umschließen.

Den Backofen auf 120° Ober-/Unterhitze vorheizen. Olivenöl in einer Pfanne erhitzen und das Fleisch darin von beiden Seiten anbraten. Anschließend auf ein Backblech legen und 10 Minuten gar ziehen lassen.

Die Petersilie waschen, trocken tupfen, hacken und unter das Gemüse mischen. Kartoffel-Wirsing-Gemüse auf Tellern anrichten, je 2 gefüllte Medaillons darauflegen und das Gericht mit grob gemahlenem schwarzem Pfeffer bestreuen.

„Es ist aber auch wirklich doof, wenn alle vorher bei Johann probieren, und dann komme ich mit meinem Löffelchen rüber. Das lasse ich jetzt lieber."

MIT SCHAFSKÄSE gefüllte Schweinefilets AUF SÜSSKARTOFFEL-ZWIEBEL-PÜREE

Johann: Süßkartoffeln sind schwer in Mode. Sei es als Pommes in hippen Foodtrucks, die nur besonders Veganes anbieten, oder als Kartoffelpüree in Kantinen. Aber Vorsicht: Der Geschmack der Süßkartoffel ist nicht jedermanns Sache.

FÜR 4 PERSONEN

4 Schweinefiletmedaillons (à ca. 200 g)
100 g Schafskäse
Salz
Pfeffer aus der Mühle
4 Zweige Thymian
2 EL Olivenöl

2–3 Süßkartoffeln (ca. 700 g)
1 Zwiebel
60 g Butter
Muskatnuss
1 Romanesco

GEKOCHT MIT BARBARA WUSSOW

Den Backofen auf 120° C Ober-/Unterhitze (100° C Umluft) vorheizen.

In jedes Medaillon eine Tasche einschneiden und mit 1 Stück Schafskäse füllen. Die Öffnung mit einem Zahnstocher verschließen. Die Medaillons salzen und pfeffern, Thymianblättchen daraufstreuen und etwas andrücken. Olivenöl in einer Pfanne erhitzen und das Fleisch darin von beiden Seiten anbraten. Die Pfanne in den Ofen schieben und das Fleisch 15–20 Minuten garen.

Süßkartoffeln waschen, schälen und grob würfeln. In einem Topf knapp mit Wasser bedecken, leicht salzen und bei geschlossenem Deckel weich garen. In der Zwischenzeit die Zwiebel abziehen, würfeln und in 40 g Butter unter Rühren goldbraun rösten. Die Süßkartoffeln abgießen und kurz auf dem Herd ausdampfen lassen. Die gerösteten Zwiebeln zu den Süßkartoffeln geben und mit einem Kartoffelstampfer untermengen. Mit Salz, Pfeffer und Muskatnuss würzen.

Den Romanesco putzen, waschen und in Röschen teilen. Wasser zum Kochen bringen, leicht salzen und die Röschen darin bissfest kochen. Abgießen und in einer Pfanne in der restlichen Butter kurz anbraten. Mit Salz und Pfeffer abschmecken. Romanesco und Süßkartoffelpüree auf Tellern anrichten. Zahnstocher aus den Medaillons entfernen und das Fleisch auf dem Püree anrichten.

Tipp

Schafskäse ist sehr salzig, manchem zu salzig. Inzwischen gibt es jedoch salzreduzierte Varianten im Supermarkt oder an der Käsetheke.

Bohnen-Apfel-Gemüse

MIT BRATWURST

Johann: Jedem, aber wirklich jedem passionierten Hobbykoch rate ich, sich einen guten Fleischwolf mit Wurstaufsatz anzuschaffen und Bratwurst oder Salsiccia selbst zu machen. Ich garantiere Ihnen, Sie werden nie wieder zu Fertigwurst greifen.

FÜR 4 PERSONEN

2 Äpfel (z. B. Boskoop)
2 Zwiebeln
1 Glas weiße Bohnen (ca. 850 g)
2 EL Butter
Saft von 1 Zitrone
5 EL Weißwein
150 ml Gemüsebrühe
Salz • Pfeffer aus der Mühle
Zucker

150 g durchwachsener Speck
4 Bratwurstschnecken

½ Bund glatte Petersilie
1 Bund Majoran

Äpfel schälen, vierteln, vom Kerngehäuse befreien und in grobe Stücke schneiden. Zwiebeln abziehen und fein würfeln.

Die Bohnen in ein Sieb schütten, unter fließendem Wasser abbrausen und gut abtropfen lassen. Die Butter in einem Topf erhitzen und die Zwiebeln darin glasig andünsten. Die Äpfel hinzufügen, mit Zitronensaft beträufeln und zugedeckt so lange dünsten, bis sie weich sind. Die Bohnen zugeben und mit Weißwein und Gemüsebrühe ablöschen. Das Gemüse mit Salz, Pfeffer und etwas Zucker würzen. Bei geschlossenem Deckel alles erhitzen.

Den Speck in feine Streifen schneiden und in einer Pfanne ohne Fett kross ausbraten. Herausnehmen und auf Küchenpapier abtropfen lassen. Nun die Bratwürstchen im verbliebenen Fett schön braun braten.

Abschließend Petersilie und Majoran abbrausen, trocken schütteln. Die Blätter abzupfen, fein hacken, zum Gemüse geben und alles noch einmal kräftig abschmecken.

Die Bratwurstschnecken und den krossen Speck auf dem Apfel-Bohnen-Gemüse anrichten, nach Belieben mit etwas Bratfett beträufeln und servieren.

GEKOCHT MIT ALIDA GUNDLACH

Gratiniertes Rindersteak

MIT BUTTERMÖHRCHEN UND SCHUPFNUDELN

Johann: Herbert Feuerstein an der Seite von Horst, das war so, als ob sich die beiden Käuze aus der Muppet Show in der Küche treffen –nur dass einer von beiden so gar nicht kochen kann.

FÜR 4 PERSONEN

4 Rindersteaks (à 300 g)
Salz
Pfeffer aus der Mühle
2 EL Olivenöl
2 EL weiche Butter
2 EL Röstzwiebeln
2 EL Semmelbrösel

1 Bund Möhren
30 g Butter
½ TL Zucker
100 ml Gemüsebrühe
400 g Schupfnudeln
20 g Butter
Muskatnuss

Petersilie zum Anrichten

Den Backofen auf 180°C Ober-/Unterhitze vorheizen.

Die Rindersteaks salzen und pfeffern. Olivenöl in einer Pfanne erhitzen und das Fleisch darin von beiden Seiten 2 Minuten anbraten. Herausnehmen und auf ein Backblech legen. Butter mit Röstzwiebeln, Semmelbröseln sowie etwas Salz und Pfeffer verrühren. Die Masse auf die Steaks streichen und das Fleisch 10 Minuten im Ofen gratinieren.

Für die Buttermöhrchen die Möhren waschen, schälen und in Scheiben schneiden. 10 g Butter mit dem Zucker in einem Topf leicht karamellisieren und die Möhren darin anschwitzen. Mit Gemüsebrühe ablöschen, salzen und weich garen. Die Schupfnudeln in der restlichen Butter goldbraun und knusprig braten. Mit Salz und Muskatnuss würzen.

Die Möhren mit den Schupfnudeln auf Tellern verteilen. Die Rindersteaks daraufgeben und mit frischer Petersilie garnieren.

MANGOLD-Hackfleisch-Päckchen AUF RAHMSPÄTZLE

Johann: Das Mangold-Hack-Päckchen ist ein naher Verwandter der Kohlroulade und zwar ein ganz leckerer. Die Cremigkeit der Rahmspätzle passt dazu sehr gut. Ein stimmiges Gericht.

FÜR 4 PERSONEN

1 kg Mangold (bunter Mangold mit schönen großen Blättern)

1 Zwiebel
4 getrocknete Tomatenfilets
600 g Rinderhack
1 EL Tomatenmark
1 TL rosenscharfes Paprikapulver
1 Ei
3 EL Semmelbrösel
50 ml Milch
Salz
Pfeffer aus der Mühle
2 EL Olivenöl

1 Schalotte
20 g Butter
250 g frische Spätzle
Muskatnuss
50 ml Kalbsfond
100 g Sahne
1 Bund Schnittlauch
30 g Butter
150 ml Geflügelfond

Den Mangold putzen und waschen. 8 große, ganze Blätter abschneiden und beiseitelegen. Die restlichen Mangoldblätter fein schneiden.

Für die Hackfleischmasse die Zwiebel abziehen und klein hacken. Tomatenfilets klein würfeln. Beides mit Hackfleisch, Tomatenmark, Paprikapulver, Ei, Semmelbröseln und Milch in eine Schüssel geben. Salzen, pfeffern und alles gut mischen.

Die großen, reservierten Mangoldblätter kurz in kochendes Salzwasser tauchen, bis sie zusammenfallen. In Eiswasser tauchen und gut abtropfen lassen. Die Blätter auf Küchenpapier trocken tupfen und ausbreiten. Den dicken Strunk herausschneiden und die Blätter an der aufgeschnittenen Seite zusammenlegen, sodass eine große Fläche entsteht. Je 1 etwa hühnereigroßes Hackfleischbällchen darauflegen, etwas flach drücken und aufrollen. Insgesamt 8 Päckchen rollen. Den Backofen auf 180° C Ober-/Unterhitze vorheizen. Olivenöl in einer Pfanne erhitzen und die Päckchen darin von beiden Seiten 1–2 Minuten anbraten, anschließend in etwa 20 Minuten im Ofen fertig garen.

Die Schalotte abziehen und klein schneiden. Butter in einer Pfanne zerlassen, die Schalotte darin anschwitzen. Spätzle zugeben und anbraten. Mit Salz, Pfeffer und Muskatnuss würzen. Kalbsfond und Sahne angießen. Bei mittlerer Hitze 2–3 Minuten einkochen. Schnittlauch fein schneiden und unter die Spätzle heben.

Butter in einer Pfanne erhitzen und den restlichen fein geschnittenen Mangold darin anschwitzen, mit der Brühe ablöschen und 1–2 Minuten köcheln lassen. Mit Salz und Pfeffer abschmecken. Rahmspätzle und Mangoldgemüse auf Tellern anrichten. Die Mangoldpäckchen dazulegen.

„Ich weiß nicht, aber bei deinen Portionsgrößen würde ich eher von einem Paket sprechen!“

Lammkarree

MIT MEDITERRANEM GEMÜSE

Johann: Allein wenn ich den Titel dieses Rezepts lese, denke ich: Ja, das ist es. Oft sind es die unkomplizierten Dinge, die in ihrer Kombination einfach hervorragend zusammenpassen und genau dadurch bestechen. Wir waren für diese Sendung nach Mallorca gereist, und etwas Passenderes als Lammkarree mit mediterranem Gemüse hätte man einfach nicht machen können.

FÜR 4 PERSONEN

2 Lammkarrees (à 400 g)
6 Knoblauchzehen
8 Zweige gemischte Kräuter (Petersilie, Rosmarin, Thymian, Basilikum)
Salz • Pfeffer aus der Mühle
80 ml Olivenöl

1 Aubergine • 1 Zucchino
4 Tomaten
1 gelbe Paprikaschote
1 rote Paprikaschote
1 Zwiebel
je 1 Zweig Rosmarin und Thymian
2 EL Tomatenmark
Saft von 1 Zitrone

Baguette als Beilage

GEKOCHT MIT HEINO

Den Grill vorbereiten. Die Lammkarrees waschen, trocken tupfen und in der gesamten Länge am Knochen einschneiden. 2 Knoblauchzehen abziehen, fein hacken und mit den gemischten Kräutern in die Einschnitte legen. Das Fleisch mit Küchengarn zusammenbinden, salzen und pfeffern.

30 ml Olivenöl mit 2 Esslöffel Wasser mischen. Das Fleisch von jeder Seite etwa 10 Minuten grillen, dabei ab und an mit dem Öl-Wasser-Gemisch bestreichen. Fleisch vom Grill nehmen, in Alufolie wickeln und etwa 5 Minuten ruhen lassen.

Währenddessen die Aubergine und den Zucchino putzen, die Tomaten häuten und entkernen, die beiden Paprika entkernen, die Zwiebel abziehen und alles in mundgerechte Stücke schneiden. Weitere 2 Knoblauchzehen abziehen und fein würfeln. Die Rosmarinnadeln sowie die Thymianblätter abzupfen und fein hacken.

Das übrige Olivenöl in einer großen Pfanne erhitzen, Zwiebel und Knoblauch kurz darin anbraten. Aubergine, Zucchini und Paprika dazugeben und andünsten. Nun Tomatenmark, Thymian, Rosmarin und die Tomaten dazugeben, mit Salz, Pfeffer und dem Zitronensaft würzen. Bei geringer Hitze etwa 15 Minuten dünsten.

Die Karrees aus der Folie nehmen, zwischen den Rippen in Koteletts schneiden und mit dem mediterranen Gemüse auf Tellern anrichten. Als Beilage warmes Baguette reichen.

Exotisches

Johanns Küche ist so unfassbar international. Und wissen Sie, woran das liegt? Früher dachte ich manchmal: Johann verbringt ja viel Zeit in der Ferne. Dann wurde mir bewusst, dass er Österreicher ist und sich somit, auch wenn er in Deutschland ist, im Ausland befindet. Und dann wurde mir klar, dass er jede freie Urlaubsminute in Asien verbringt. Das kenne ich im Grunde nur aus Büchern. Meist aus Kochbüchern von Johann Lafer. Reisen bildet eben doch.

Asiatisch mariniertes Kalbsfilet

MIT PFLAUMENWEINSAUCE, JAPANISCHEN UDON-NUDELN UND ASIATISCHEM SALAT

Horst: Eine Sache, die sich Johann scheinbar von mir abgekupfert hat: Schnaps gehört ins gute Essen. Dabei sagt man doch immer, dass Japaner Alkohol gar nicht so gut vertragen.

FÜR 4 PERSONEN

200 g Kalbsfilet ohne Fett und Sehnen
4 Schalotten • 6 Knoblauchzehen
50 g Ingwer • 2 rote Peperoni
50 ml Hoisin-Sauce
1 TL Speisestärke • 50 ml Sesamöl

100 ml Geflügelfond
100 ml Pflaumenwein
100 ml Kokosmilch
Salz • Chili aus der Mühle

1 Karotte
je 1 rote und gelbe Paprikaschote
2 Baby-Pak-Choi
50 g Zuckerschoten
50 g Shiitake-Pilze
50 ml ungeröstetes Pflanzenöl
1 TL Speisestärke
250 g Udon-Nudeln, vorgegart
50 ml Sojasauce

2 Landgurken oder 1 Salatgurke
1 Bund Radieschen
2 Orangen • 2 EL Sojasauce
2 EL Sweet Chili Sauce
2 EL geröstete Erdnusskerne
1 Kästchen Gartenkresse

Das Filet in Streifen schneiden. Schalotten, Knoblauchund Ingwer schälen und würfeln, Peperoni halbieren, entkernen und ebenfalls würfeln. Alles zusammen mit der Hoisin-Sauce unter die Filetstreifen mischen und das Fleisch bei Zimmertemperatur mindestens 30 Minuten marinieren.

Das fertig marinierte Fleisch mit Stärke bestäuben. Sesamöl im Wok erhitzen, das Fleisch darin kross anbraten und herausnehmen.

Geflügelfond, Pflaumenwein und Kokosmilch in dieselbe Pfanne geben. Mit Salz und Chili würzen und leicht einkochen. Fleisch wieder hineingeben und bei mittlerer Temperatur gar ziehen lassen. Fleisch wieder herausnehmen und die Sauce nach Belieben aufschäumen.

Für die Nudeln die Karotte schälen und in feine Streifen schneiden. Die Paprika vierteln, Kerngehäuse entfernen, Haut abschälen und das Fruchtfleisch in Streifen schneiden. Den Pak Choi vom Strunk befreien und in grobe Stücke schneiden. Zuckerschoten putzen und diagonal halbieren. Shiitake-Pilze putzen und in Scheiben schneiden. Das Gemüse nach und nach im heißen Öl anbraten. Mit Stärke bestäuben. Die Nudeln zum Gemüse geben und mitbraten. Mit Sojasauce, Salz und Chili abschmecken.

Für den Salat die Gurken schälen, vierteln, Kerngehäuse entfernen und schräg in Stücke schneiden. Die Radieschen putzen und vierteln. Die Filets aus den Orangen lösen. Gurkenstücke, Radieschen und Orangenfilets mit den Saucen, den Erdnüssen und der Kresse mischen. Mit Olivenöl und Essig, Salz und Pfeffer abschmecken.

50 ml Olivenöl
3 EL weißer Aceto balsamico
Pfeffer aus der Mühle

Koriandergrün zum Garnieren

Die Nudeln in die Teller geben und das Fleisch darauf verteilen, etwas Sauce darübergießen und das Gericht mit einigen Korianderblättchen garnieren. Den Salat separat servieren.

Tipp

Bevor Sie all die asiatischen Zutaten im Supermarkt kaufen, machen Sie sich schlau, ob es in der Nähe einen Asia-Laden gibt. Dort ist die Auswahl größer, die Preise jedoch kleiner.

Asiatischer Schweinebauch

MIT ZITRUSKAROTTEN UND KARAMELLISIERTEN CHILIMARONEN

Horst: Früher habe ich beim Chinesen ja immer die kleine 1 bestellt: zweimal gebratenes Schweinefleisch. Wobei ich bis heute nicht verstanden habe, was da am Fleisch zweimal gebraten wurde. Seitdem ich diesen Asia-Schweinebauch gegessen habe, bestelle ich nicht mehr so gern beim Chinesen die kleine 1. Allerdings ist es mir auch peinlich, zu fragen, ob gerade karamellisierte Chili-Maronen im Haus sind.

FÜR 4 PERSONEN

1 Bund Suppengrün
50 g frischer Ingwer
1 TL Korianderkörner
1 TL schwarze Pfefferkörner
1 Knoblauchknolle
1 rote Zwiebel
3 EL Olivenöl
1,2 kg Schweinebauch
1,5 l Gemüsebrühe oder Wasser
50 ml Sojasauce

150 ml Geflügelfond
50 ml Sojasauce
4 EL Honig
100 ml Pflaumenwein
1 Chilischote
20 g Ingwer
1 Knoblauchzehe
Salz
Pfeffer aus der Mühle

500 g Karotten
1 Bio-Orange
1 Bio-Zitrone
2 EL Olivenöl
1 EL Zucker

Den Backofen auf 160° C Ober-/Unterhitze vorheizen. Das Suppengrün putzen bzw. schälen, waschen und in walnussgroße Stücke schneiden. Den Ingwer schälen und in Scheiben schneiden. Koriander und Pfeffer im Mörser grob zerstoßen. Den Knoblauch und die Zwiebel in Stücke schneiden. Das Gemüse und die Aromaten mit den Gewürzen in einem Bräter im heißen Olivenöl anbraten. Den Schweinebauch mit der Schwarte nach oben hineinlegen, Gemüsebrühe und Sojasauce angießen. Bei geschlossenem Deckel 3 Stunden im Ofen garen.

Für den Lack den Geflügelfond mit Sojasauce, Honig und Pflaumenwein in einem Topf aufkochen. Die Chili entkernen und klein würfeln, Ingwer schälen und fein reiben, Knoblauch abziehen und klein würfeln. Alles mit in den Sud geben und sirupartig einkochen lassen.

Das Fleisch aus dem Sud nehmen. Die Schwarte mit einem sehr scharfen Messer im Abstand von 1 cm einschneiden, dabei nicht in das Fleisch schneiden. Den Schweinebauch salzen und pfeffern. Den Backofen auf 230° C aufheizen. Den Schweinebauch mit der Schwarte nach oben auf ein Blech legen und mit dem Lack bestreichen. 15 Minuten im Ofen backen, erneut bestreichen und nochmals 15 Minuten backen. Sollte die Kruste zu dunkel werden, die Hitze auf 200° C reduzieren.

Die Karotten waschen, schälen und in Scheiben schneiden. Die Orange und die Zitrone waschen, die Schalen mit einem Zestenreißer fein abziehen und den Saft auspressen. Olivenöl in einem Topf erhitzen, Karotten darin anschwitzen. Zucker dazugeben und leicht karamelli-

1 Bund Koriandergrün
2 Schalotten
1 kleine rote Chilischote
20 g Butter
250 g gegarte, vakuumverpackte Maronen
100 ml Geflügelfond

sieren, den Zitrussaft und die Zesten zufügen und alles bei milder Hitze schmoren, bis die Karotten bissfest gegart sind. Koriander abbrausen, trocken schütteln, fein hacken und unter die Karotten mischen.

Schalotten abziehen und klein würfeln. Die Chili halbieren, entkernen und klein würfeln. Butter in einer Pfanne zerlassen, Zwiebeln, Chili und die Maronen darin anschwitzen. Geflügelfond angießen und die Maronen 2–3 Minuten garen, bis der Fond eingekocht ist. Das Fleisch in Scheiben schneiden und mit den Maronen und Karotten anrichten.

Japanische Glasnudelsuppe
MIT ENTRECÔTE

Horst: Mary Roos ist ganz, ganz groß! Ein toller Gast, der oft bei uns war. Wobei dieses Gericht natürlich auch Uschi Glas gut zu Gesicht gestanden hätte.

FÜR 4 PERSONEN

400 g Rumpsteak
1 Chilischote • 20 g Ingwer
150 g Tofu
100 g Enoki-Pilze
50 g Glasnudeln
2 kleine Pak Choi
1 Schalotte • 2 Frühlingszwiebeln
1 Karotte • 8 Shiitake-Pilze
80 ml Sojasauce
80 ml Sake • 60 ml Mirin
1 EL Zucker
Salz
600 ml Gemüsebrühe
1 EL geröstetes Sesamöl

Das Rumpsteak mit der Aufschnittmaschine in dünne Scheiben schneiden. Die Chili waschen, halbieren und entkernen. Ingwer schälen und zusammen mit der Chili fein hacken. Das Fleisch mit Ingwer und Chili mischen. Den Tofu in mundgerechte Stücke schneiden.

Die Enoki-Pilze in kleinen Büscheln vom Fuß abtrennen. Die Glasnudeln mit einer Schere halbieren. Den Pak Choi putzen, waschen und in Streifen schneiden. Die Schalotte abziehen und in Spalten schneiden. Frühlingszwiebeln putzen, waschen und in feine Ringe schneiden. Die Karotte schälen und in dünne Scheiben hobeln. Die Shiitake-Pilze trocken abreiben, den Stiel abschneiden und vierteln.

Sojasauce, Sake, Mirin, Zucker und etwas Salz in einer Pfanne zum Kochen bringen. 10 Minuten köcheln lassen. Die Gemüsebrühe angießen. Pak Choi, Enoki-Pilze, Schalotten, Karotten und Shiitake-Pilze in einer Pfanne im Sesamöl 2–3 Minuten anbraten. Das angebratene Gemüse und die Glasnudeln in die Brühe geben und einige Minuten garen. Den Tofu in der Brühe erhitzen. Die Frühlingszwiebeln darüberstreuen.

Das marinierte Fleisch in Suppenschalen legen. Die heiße Brühe mit Glasnudeln, Tofu und Gemüse darüberschöpfen und servieren.

Espressosteak
MIT ZUCKERKAROTTEN UND SAFRAN-HOLLANDAISE

Horst: So sind sie, die Sterneköche. Kombinieren ja manchmal die verschiedensten Gänge in nur einem Gericht. Hier hat Johann es jedoch auf die Spitze getrieben und gleich den Espresso für danach zum oder im Steak mitserviert. Clever, dieser Johann.

FÜR 4 PERSONEN

1 TL schwarze Pfefferkörner
4 Rindersteaks aus der Hochrippe (à ca. 180 g) • 30 ml Olivenöl
500 g Espressobohnen
3 Bund Baby-Karotten
50 g brauner Zucker
Chili aus der Mühle
230 g weiche Butter
200 ml Weißwein
Salz • Pfeffer aus der Mühle
½ Bund glatte Petersilie

1 Schalotte
½ g Safranfäden
1 Lorbeerblatt
5 weiße Pfefferkörner
4 Eier
Saft von 1 Zitrone
frische Kräuter zum Garnieren

GEKOCHT MIT MICHELLE HUNZIKER

Den Grill vorbereiten. Schwarzen Pfeffer im Mörser grob zerstoßen. Rindersteaks mit Pfeffer und Olivenöl einreiben und auf beiden Seiten jeweils 2 Minuten bei direkter Hitze grillen.

Die Hälfte der Espressobohnen in einer etwa 20 x 20 cm großen Aluschale verteilen, die Steaks darauflegen und mit den restlichen Bohnen bedecken. Bei indirekter Hitze (ca. 120° C) und geschlossenem Deckel in 10–15 Minuten fertig garen. Anschließend einige Minuten ruhen lassen.

Die Karotten putzen, waschen und in Stücke schneiden. Den Zucker in einer Pfanne karamellisieren und die Karotten darin anschwitzen. Mit Chili würzen und 50 g Butter zugeben. Die Hälfte des Weißweins angießen, die Karotten weich dünsten. Mit Salz und Pfeffer abschmecken. Die Petersilie hacken und 2 Esslöffel davon unter die Karotten mischen.

Für die Hollandaise die Schalotte abziehen und grob würfeln. Den restlichen Weißwein mit der Hälfte des Safrans, Lorbeer, weißem Pfeffer und der Schalotte aufkochen und auf die Hälfte reduzieren. Eier trennen. Das Eigelb und den übrigen Safran in eine Schüssel geben und die Weißweinreduktion durch ein Sieb dazugießen. Über einem heißen Wasserbad dickschaumig aufschlagen. Die Hitze reduzieren. Portionsweise die restliche Butter zugeben und kräftig unterschlagen. Die Hollandaise mit Salz, Pfeffer und Zitronensaft abschmecken.

Die Steaks aus den Espressobohnen nehmen, salzen, pfeffern und mit den Karotten anrichten. Die Hollandaise großzügig darüber verteilen und die Steaks mit einigen Kräuterzweigen garnieren.

Gegrilltes Ribeye
MIT INGWER-HOISIN-LACK, GESCHMORTEN ARTISCHOCKEN UND LILA KARTOFFELN

Horst: Lack ist ja auch so was, das der Sternekoch gern in den Rezepttitel schreibt. Vielleicht um zu beweisen, dass er wie ein guter Maler sein Handwerk beherrscht. Was aber wie dicke Hose daherkommt, verleiht dem Ribeye-Steak einen unvergleichlich intensiven Geschmack.

FÜR 4 PERSONEN

50 g Ingwer
4 Knoblauchzehen
2 rote Peperoni
200 ml Malzbier
100 ml Hoisin-Sauce
100 ml Rinderfond
Saft von 1 Zitrone
Salz

800–1000 g Ribeye (Hochrippe vom Rind)
Pflanzenöl zum Braten
50 g Butter
6 Knoblauchzehen
6 Zweige Thymian
Pfeffer aus der Mühle

6 Baby-Artischocken
1 Zitrone
200 g Wurzelgemüse (Karotten, Lauch, Sellerie)
2 EL Olivenöl
2 Knoblauchzehen
2 Zweige Rosmarin
100 ml Weißwein
200 ml Gemüsebrühe

Für den Lack Ingwer und Knoblauch schälen und fein würfeln. Die Peperoni der Länge nach halbieren und ebenso würfeln. Ingwer, Knoblauch, Peperoni, Malzbier, Hoisin-Sauce, Rinderfond und Zitronensaft in einen Topf geben und sirupartig einkochen. Salzen.

Den Backofen auf 160° C Ober-/Unterhitze vorheizen. Das Fleisch trocken tupfen und salzen. Von beiden Seiten in einer sehr heißen Grillpfanne in etwas Öl rautenförmig anbraten, bis sich ein Muster abzeichnet. Auf ein Ofengitter legen. Butter in derselben Pfanne zerlassen, die Aromaten kurz durchschwenken und über das Steak geben.

Das Ribeye 15–20 Minuten im Ofen garen. Kurz vor dem Ende der Garzeit den Lack nach und nach aufstreichen, bis er aufgebraucht ist. Danach den Ofen ausschalten, die Tür öffnen und das Steak 5 Minuten ruhen lassen.

Die Artischocken rundherum abschälen, die äußeren Blätter und das Heu entfernen. Der Länge nach halbieren und in Zitronenwasser legen damit sie nicht braun werden. Das Wurzelgemüse fein würfeln und im Olivenöl anschwitzen, die Artischocken zugeben. Knoblauch und Rosmarin dazugeben und mit Weißwein und Gemüsebrühe ablöschen. Die Artischocken mit Backpapier abdecken und bei mittlerer Temperatur in 8–10 Minuten weich garen. Mit Salz und Pfeffer abschmecken.

Die Kartoffeln jeweils getrennt voneinander und je nach Größe 10–15 Minuten in gesalzenem Wasser vorkochen. Die Silberzwiebeln halbieren. Die Kartoffeln in Ecken schneiden.

100 g lila Kartoffeln
100 g Bamberger Hörnchen
100 g Silberzwiebeln
25 g Butter • 4 Zweige Thymian

Gartenkräuter (Kerbel, glatte Petersilie etc.) zum Garnieren

Jetzt die Butter in einer Pfanne zerlassen und die Kartoffelecken langsam darin anbraten. Die Silberzwiebeln dazugeben, salzen und pfeffern. Den Thymian fein schneiden und über die fertigen Kartoffeln geben.

Zum Servieren die Artischocken mittig auf Tellern platzieren und die Kartoffelecken danebenlegen. Das Ribeye in Scheiben schneiden und dazulegen. Mit frischen, feinen Gartenkräutern vollenden.

Tandoori-Lammrückenfilet

MIT BASMATI-GEWÜRZREIS UND GESCHMORTEM INGWERSPITZKOHL

Horst: Nicht, dass Sie jetzt glauben, Johann hätte sich was bei Alfons Schuhbeck abgeguckt. Auch wenn man manchmal glaubt, dieser hätte sämtliche Ingwerbestände Asiens aufgekauft. Ich finde, der Ingwer passt ganz hervorragend in den Kohl.

FÜR 4 PERSONEN

je ½ TL Korianderkörner, Kreuzkümmel und schwarzer Pfeffer
20 g Ingwer
1 Knoblauchzehe
1 rote Chilischote
150 g Joghurt • Salz
Saft und Abrieb von ½ Zitrone
800 g ausgelöstes Lammfilet
2 EL Olivenöl

200 g Basmatireis
2 Sternanis
1 Zimtstange
1 TL Korianderkörner
4 Kardamomkapseln
300 ml Gemüsebrühe

1 Spitzkohl
1 rote Paprikaschote
30 g Ingwer
1 Knoblauchzehe
2 Schalotten • 20 g Butter
150 ml Gemüsebrühe
Pfeffer aus der Mühle

1 Bund Minze
1 Bund Koriandergrün
300 g Joghurt
Saft von 1 Limette

Koriander, Kreuzkümmel und Pfeffer ohne Fett kurz anrösten und im Mörser zerstoßen. Ingwer und Knoblauch schälen, beides klein würfeln. Die Chili halbieren, entkernen und fein würfeln. Die Gewürze zum Joghurt geben, den Joghurt mit Salz, Zitronensaft und -abrieb würzen. Das Lamm mit dem Joghurt einstreichen, 10 Minuten einziehen lassen.

Basmatireis in einem Sieb abbrausen. Gewürze im Mörser grob zerstoßen und in einen Topf geben. Etwas Brühe angießen, die Gewürze mit Backpapier abdecken und den Reis in das Backpapier füllen. Die restliche Brühe über den Reis gießen. Bei geschlossenem Deckel zum Kochen bringen, Hitze reduzieren und den Reis ausquellen lassen.

Den Backofen auf 120° C Ober-/Unterhitze vorheizen. Das Fleisch im heißen Olivenöl anbraten. Anschließend 20 Minuten im Ofen garen.

Den Spitzkohl putzen, waschen und halbieren. Den Strunk entfernen und den Kohl klein schneiden. Paprika waschen, putzen und in Streifen schneiden. Ingwer, Knoblauch und Schalotten schälen, alles klein würfeln und in einem Topf in der heißen Butter anrösten. Spitzkohl und Paprika zugeben und anschwitzen. Gemüsebrühe angießen und den Kohl etwa 5 Minuten schmoren. Salzen und pfeffern.

Minze und Koriander abbrausen, trocken schütteln und klein schneiden. Beides unter den Joghurt rühren und mit Salz, Pfeffer und Limettensaft abschmecken.

Das Fleisch aus dem Ofen nehmen und aufschneiden, Schnittflächen leicht salzen. Basmatireis und Spitzkohl auf Tellern anrichten, das Fleisch darauflegen. Den Kräuterjoghurt dazu servieren.

GEKOCHT MIT IREEN SHEER

Garnelen-Hähnchen-Bällchen

IM AROMASUD MIT BASMATI-KORIANDER-REIS

Horst: Garnelen haben keine Federn, und Hähnchen können nicht tauchen. Im Grunde einte diese Tiere nichts, bis Johann Lafer kam und beide auf seine Art und Weise vermählte.

FÜR 4 PERSONEN

1 rote Zwiebel • 2 EL Olivenöl 1–2 TL Currypulver • 200 g Basmatireis • 200 ml Hühnerfond 1 Bund Koriandergrün

1 altbackenes Brötchen • 150 ml Milch • 1 Knoblauchzehe • 25 g Ingwer • 1 rote Chilischote 12 mittelgroße Garnelen • 250 g Hähnchenbrust • 6 EL Sesamöl 2–3 TL dunkle Sojasauce • 1 TL brauner Zucker • Salz

2 Knoblauchzehen • 25 g Ingwer 3 Schalotten • 2 rote Chilischoten • 4 Stangen Zitronengras • 500 ml Kokosmilch • 3–4 EL Fischsauce • 1 Bio-Limette • Pfeffer • 3–4 Frühlingszwiebeln • 2 rote Paprikaschoten • 75 g kalte Butter

GEKOCHT MIT HERA LIND

Zwiebel abziehen und in Streifen schneiden. 2 Esslöffel Olivenöl in einem Topf erhitzen, Zwiebelstreifen und Currypulver anschwitzen, Reis zugeben, kurz anschwitzen. Hühnerfond und 100 ml Wasser angießen. Salzen und einmal aufkochen. Reis ausquellen lassen. Koriander abbrausen, trocken schütteln und hacken. Die Hälfte davon unter den Reis mischen.

Für die Bällchen das Brötchen würfeln und in Milch einweichen. Knoblauch und Ingwer schälen und fein reiben. Die Chili halbieren, entkernen und fein hacken. Garnelen schälen, Darm entfernen. Hähnchenbrust klein würfeln. Beides im Mixer kurz pürieren. Chili, Ingwer, Knoblauch und 2 EL Sesamöl zufügen und alles zu einer glatten Masse verarbeiten. In einer Schüssel mit dem gut ausgedrückten Brötchen vermengen, mit Sojasauce, Salz und Zucker würzen. Mit angefeuchteten Händen Bällchen formen. In siedendem Wasser 10 Minuten ziehen lassen.

Knoblauch, Ingwer und Schalotten in dünne Scheiben schneiden. Chilis der Länge nach halbieren. Zitronengras mit einer schweren Pfanne zerstampfen. Alles in 2 EL Sesamöl anschwitzen. Kokosmilch und Fischsauce dazugießen, Limettenabrieb und -saft hineingeben. Salzen und pfeffern. Temperatur reduzieren und 10–15 Minuten ziehen lassen.

Frühlingszwiebeln waschen, trocken schütteln und in Stücke schneiden. Paprika halbieren, entkernen, waschen und in Rauten schneiden. Beides im restlichen Sesamöl anschwitzen.

Die Bällchen mit einer Schaumkelle aus dem Wasser heben und warm halten. Kokossud durch ein feines Sieb in einen anderen Topf gießen, und um etwa ein Drittel einkochen. Die Butter dazufügen und mit dem Pürierstab schaumig aufmixen. Die Sauce mit den Bällchen, dem Gemüse und dem Reis servieren.

Gefüllte Thunfischröllchen
MIT THAI-MANGO, GURKE UND SOJA-AHORN-DIP

Horst: Johannes B. hatte ja entscheidend damit zu tun, dass ich überhaupt in die große weite Welt des Fernsehens schnuppern durfte. Deswegen hätte er auch frittierte Feldsteine an Johanns Seite servieren können, und sie hätten mir hervorragend geschmeckt. Allerdings waren mir die Thunfischröllchen deutlich lieber.

FÜR 4 PERSONEN

400 g Thunfischfilet, Sushi-Qualität
1 Thai-Mango • 1 Gurke

½ Chilischote
6 EL Sojasauce
1 EL Reisessig
10 EL Oliven- oder Sesamöl
3 EL Zucker
1 EL Ahornsirup
Saft von 1 Limette
Salz • Pfeffer aus der Mühle
2 Kästchen Shisokresse

Das Thunfischfilet vor dem Schneiden etwa 1 Stunde ins Gefrierfach legen, damit sich der Thunfisch später leichter in dünne Scheiben schneiden lässt.

Die Mango schälen und in 6–8 cm lange Stifte schneiden. Die Gurke waschen, der Länge nach vierteln, Kerngehäuse entfernen und ebenfalls in 6–8 cm lange Stifte schneiden.

Für den Soja-Ahorn-Dip die Chili fein würfeln. Sojasauce, Reisessig, Öl, Zucker, Ahornsirup, 3 Esslöffel Limettensaft und die Chiliwürfel vermischen und zu einer homogenen Masse schlagen.

Das Thunfischfilet mit einem scharfen Messer oder mit der Aufschnittmaschine dünn aufschneiden und mit dem Soja-Ahorn-Dip bestreichen. Mango- und Gurkenstifte auf den Fisch legen, aufrollen, salzen und pfeffern und mit der Shisokresse garniert servieren.

GEKOCHT MIT JOHANNES B. KERNER

„Du bist der beste Asia-Imbiss meines Lebens!“

Loup de mer in der Salzkruste

MIT ORANGEN-CHILI-POLENTA

Horst: Allein wenn ich den Titel dieses Rezepts lese, denke ich: Ja, das ist es. Oft sind es die Garmethoden, die in ihrer Kombination einfach hervorragend zusammenpassen und genau dadurch bestechen. Wir waren für diese Sendung nach Mallorca gereist, da passte der Loup de mer in der Salzkruste natürlich ganz vorzüglich.

FÜR 4 PERSONEN

1 Loup de mer, küchenfertig (ca. 1,4 kg)
1 Bio-Zitrone
50 g gemischte mallorquinische Kräuter
3 kg grobkörniges ungereinigtes Meersalz

2 rote Chilischoten
1 Bio-Orange • 1 Schalotte
2 Knoblauchzehen
30 ml Olivenöl
100 g grobkörniger Polentagrieß
450 ml Orangensaft
Salz • Pfeffer aus der Mühle
50 ml Sahne • 30 g kalte Butter
Minze zum Garnieren

Den Grill vorbereiten. Den Fisch unter fließendem Wasser abspülen, trocken tupfen und die Flossen mit einer Schere abschneiden. Die Zitrone in Scheiben schneiden, die Kräuter grob hacken. Den Fisch mit den Zitronenscheiben und einigen Kräuterzweigen füllen. Die restlichen Kräuter unter das Salz mischen und ein Drittel des Salzes auf ein Backblech geben. Den Fisch darauflegen und mit dem übrigen Salz bedecken. Gut andrücken. Den Fisch bei indirekter Hitze 40–50 Minuten grillen.

Für die Polenta die Chili halbieren, entkernen und fein würfeln. Die Orange heiß waschen und die Schale fein abreiben. Schalotte und Knoblauch abziehen und fein würfeln. Olivenöl erhitzen und Polentagrieß, Chili, Orangenschale, Schalotte und Knoblauch darin anrösten. Den Orangensaft unterrühren. Die Polenta bei schwacher Hitze in 20 Minuten ausquellen lassen, zuletzt salzen und pfeffern. Die Sahne steif schlagen. 2 Esslöffel Schlagsahne und die kalte Butter in Würfeln unterrühren.

Die Salzkruste vorsichtig aufbrechen, den Loup de mer vorsichtig von Haut und Gräten befreien und das Fleisch auf der Polenta anrichten. Die Minze hacken und über den Fisch streuen.

GEKOCHT MIT MIRJA BOES

Kokos-Thaicurry

MIT SEETEUFEL UND GEBRATENEM BASMATIREIS

Horst: Früher, in den 70er-Jahren, war ein Curry ja der heißeste Schrei der Exotik. Gern bestand es aus Sahnesaucen mit Ananasstückchen und Currypulver, was es gelb machte. Ich mochte das. Seit ich Johanns Thaicurrys probiert habe, frage ich mich: wieso eigentlich?

FÜR 4 PERSONEN

150 g Basmatireis
Salz
600 g Seeteufelfilet, küchenfertig
150 g Zuckerschoten
1 Bund Frühlingszwiebeln
2 Karotten
3 Schalotten
2 Knoblauchzehen
50 g frischer Ingwer
1 kleine Chilischote
6 EL Erdnussöl
1 TL rote Currypaste
50 ml Reiswein
50 ml Weißwein
200 ml Kokosmilch
Salz
Pfeffer aus der Mühle

2 Eier
½ Bio-Limette
50 g ungesalzene Erdnüsse und Koriandergrün zum Garnieren

Reis in einem Sieb waschen und in einen Topf geben. ½ Teelöffel Salz und 200 ml Wasser dazugeben und aufkochen. Zugedeckt 15–18 Minuten köcheln lassen. Mit einer Gabel auflockern und abkühlen lassen. Den Seeteufel in dünne Scheiben schneiden. Zuckerschoten, Frühlingszwiebeln und Karotten waschen, putzen, ggf. schälen und in mundgerechte Stücke schneiden. Schalotten, Knoblauch und Ingwer schälen, Chili halbieren, entkernen und alles fein hacken.

3 EL Erdnussöl im Wok erhitzen, je die Hälfte von Chili, Ingwer, Schalotten, Knoblauch, Zuckerschoten und Karotten darin anbraten. Currypaste zugeben, mit Reiswein, Weißwein und Kokosmilch auffüllen und 2–3 Minuten einkochen. Den Fisch dazugeben und bei milder Hitze gar ziehen lassen. Zuletzt die Frühlingszwiebeln zugeben. Leicht salzen und pfeffern. Restliches Erdnussöl in einem zweiten Wok erhitzen und die zweite Hälfte von Chili, Ingwer, Schalotten, Knoblauch, Zuckerschoten und Karotten darin anbraten. Den Reis dazugeben und unter vorsichtigem Wenden anbraten. Zuletzt die beiden Eier darüberschlagen und kross braten. Mit Salz, Pfeffer und Limettenabrieb würzen.

Den gebratenen Reis und das Curry in tiefen Schalen anrichten. Erdnusskerne kurz anrösten und das Gericht mit den Erdnüssen und frischem Koriander garnieren.

Tipp

Seeteufel ist ein teurer Fisch. Manchmal hat Ihr Fischhändler Seeteufelbäckchen im Angebot, die nicht ganz so teuer sein sollten wie der Rest vom Fisch. Ansonsten: Festes weißes Fischfilet nehmen, das günstiger ist.

Typisch Horst

Wenn Sie mit Horst kochen und essen dürfen, vergessen Sie alles, was Sie über klassische deutsche Küche, Buletten, Bratkartoffeln, Eintöpfe, Speck, Mayonnaise oder Zutaten wie Sahne oder Butter gehört haben. Lassen Sie sich darauf ein, wofür die Küche meines lieben Freundes steht. Denn die folgenden Gerichte sind nicht nur lecker, sondern einfach nur typisch Horst.

GEKOCHT MIT MATZE KNOP

Putenchili im Brotlaib

SERVIERT MIT SAUERRAHM

Johann: Typisch Horst, das ist für mich das Servieren seiner Speisen in besonderer Darbietung. Hier ziehen die scharf-tomatigen Aromen in das Brot ein, das leicht aufweicht und nach dem Chili aus- und abgekratzt werden kann.

FÜR 4 PERSONEN

1 Gemüsezwiebel
1 Knoblauchzehe
2 EL Olivenöl
1 kg grob durchgedrehtes Putenhackfleisch
2 EL Tomatenmark
400 ml Fleischbrühe
200 g Sahne
1 Dose Mais, abgetropft
1 Dose rote Bohnen, angetropft
Salz
Pfeffer aus der Mühle
Cayennepfeffer

4 kleine Brotlaibe (à 250 g)
200 g Sauerrahm
½ Zitrone
1 TL Oregano
½ Bund Petersilie

Chiliflocken, Chiliöl oder Tabasco

Die Gemüsezwiebel und den Knoblauch abziehen und klein hacken. Das Olivenöl in einem Bräter erhitzen, das Putenhackfleisch darin krümelig anbraten. Zwiebeln, Knoblauch und Tomatenmark dazugeben und einige Minuten anbraten. Mit der Fleischbrühe und der Sahne auffüllen. Maiskörner und rote Bohnen dazugeben. Mit Salz, Pfeffer und Cayennepfeffer kräftig würzen. Das Putenchili 15 Minuten köcheln lassen.

Inzwischen von den Brotlaiben einen Deckel abschneiden und die Brote mit einem Löffel aushöhlen. Die Brotkrumen anderweitig verwenden, z. B. fein gemahlen für eine Kruste oder klein geschnitten und geröstet zum Salat.

Den Sauerrahm mit Salz, Pfeffer, Zitronensaft und Oregano würzen. Die Petersilie abbrausen, trocken schütteln, die Stiele abzupfen und die Blätter fein hacken.

Das fertige Putenchili nochmals abschmecken und in den Brotlaiben anrichten. Mit der gehackten Petersilie bestreuen und einen Löffel Sauerrahm daraufgeben. Den restlichen Rahm dazu servieren. Für eine Extraportion Schärfe etwas Chiliöl, Chiliflocken oder Tabasco dazu reichen.

Whisky-Grillhähnchen

MIT SPAGHETTISALAT

Johann: Typisch Horst, das ist für mich das Zutun von alkoholischen Ingredienzien. Hier gibt der Whisky dem Huhn ein frisches, leicht rauchiges Aroma.

FÜR 4 PERSONEN

50 ml Sojasauce
2 EL Tomatenmark
2 EL Worcestershiresauce
2 EL Ahornsirup
Pfeffer aus der Mühle
4 EL Whisky
1 Knoblauchzehe
4 Hähnchenkeulen

250 g Spaghetti
250 g Kirschtomaten
150 g Mais aus der Dose
3 Frühlingszwiebeln
1 Bund glatte Petersilie
4 EL Weißweinessig
1 TL Senf
6 EL Olivenöl
Salz
Zucker

Für die Marinade Sojasauce, Tomatenmark, Worcestershiresauce, Ahornsirup, etwas Pfeffer und Whisky verrühren. Den Knoblauch abziehen, klein würfeln und ebenfalls dazugeben. Die Hähnchenkeulen auf der Hautseite dreimal tief einschneiden (so kann die Marinade besser einziehen, und die Keulen garen schneller.) Die Keulen mit der Marinade in einen Gefrierbeutel geben, alles gut vermengen und im Kühlschrank etwa 2 Stunden marinieren.

Den Grill vorbereiten. Hähnchenkeulen herausnehmen, die Marinade abtropfen lassen und aufbewahren. Die Hähnchenkeulen bei direkter Hitze 2–3 Minuten grillen, bei indirekter Hitze in 20–30 Minuten fertig grillen. Dabei gelegentlich wenden. Während der letzten 10 Minuten die Keulen immer wieder mit der Marinade bestreichen.

Spaghetti in gesalzenem Wasser bissfest kochen, abgießen und in eine Schüssel geben. Kirschtomaten waschen und halbieren. Mais gut abtropfen lassen. Frühlingszwiebeln waschen, putzen und in Ringe schneiden. Petersilie abbrausen, trocken schütteln und die Blätter klein hacken. Aus Weißweinessig, Senf und Olivenöl eine Marinade herstellen, mit Salz, Pfeffer sowie etwas Zucker kräftig abschmecken und samt dem Gemüse zu den Spaghetti geben. Alles gut mischen, durchziehen lassen und kurz vor dem Servieren nochmals mit Salz und Pfeffer abschmecken. Den Spaghettisalat mit den Hähnchenkeulen auf Tellern anrichten.

Tipp

Hier reicht es wirklich, einen günstigen Whisky zu nehmen, und nicht die 30 Jahre alte Sonderedition für 68 Euro die Flasche.

GEKOCHT MIT ANDREA KIEWEL

„Johann und ich möchten ganz viel Zeit für uns haben, deswegen machen wir relativ zügige Gerichte.“

Rheinischer Möhreneintopf

Johann: Typisch Horst, das ist für mich die Pflege seiner traditionellen Heimatgerichte. Hier kommt noch dazu, dass er einfach ein Händchen für gute Eintöpfe hat.

FÜR 4 PERSONEN

800 g vorwiegend festkochende Kartoffeln
1,2 kg Möhren
200 ml Gemüsebrühe
130 g Butter
Salz
weißer Pfeffer aus der Mühle
100 g fetter Speck

1 EL Butterschmalz
200 g Blutwurst
Mehl
½ Bund glatte Petersilie

Kartoffeln und Möhren schälen, waschen und in gleich große Stücke schneiden. Zusammen mit der Brühe und einem kleinen Stich Butter zum Kochen bringen und bei mittlerer Hitze 15 Minuten köcheln lassen.

Die übrige Butter zum gegarten Gemüse geben und grob zerstampfen. Mit Salz und Pfeffer herzhaft abschmecken. Nun den Speck in kleine Würfel schneiden, in einer ungefetteten Pfanne auslassen und goldgelb anbraten. Die Speckwürfel mit dem ausgelassenen Fett unter das Gemüse mengen.

Das Butterschmalz in einer Pfanne zerlassen. Die Blutwurst in 1½ cm dicke Scheiben schneiden, in Mehl wenden und von beiden Seiten kross braten. Die Petersilie abzupfen und hacken.

Das Möhrengemüse mit den gebratenen Blutwurstscheiben anrichten und mit Petersilie bestreuen.

GEKOCHT MIT PAUL PANZER

„Ich finde, wir haben es nicht nötig zu prahlen mit Worten, wir überzeugen durch Taten.“

BAUCHSPECK & Gemüsepäckchen MIT ZWEIERLEI DIP

Johann: Typisch Horst, das ist für mich deftige Küche. Hier serviert er, für ihn ebenfalls typisch, zwei leichtere Dips dazu – der Ausgewogenheit halber.

FÜR 4 PERSONEN

8 Scheiben Bauchfleisch
Salz • Pfeffer aus der Mühle
1 Knoblauchzehe
je 2 Zweige Rosmarin und Majoran
1 Bund Kräuter der Provence
100 ml Sonnenblumenöl

250 g Kräuterseitlinge
1 Fenchelknolle
1 kleine Aubergine
150 g gelbe Cocktailtomaten
1 Schalotte • 4 Knoblauchzehen
120 g Gorgonzola
200 g Zuckerschoten
4 Mangoldblätter
6 EL Olivenöl

2 Knoblauchzehen
500 g Magerquark
100 g Sahne
Saft von 1 Zitrone
3 Zweige Estragon
2 EL Dijonsenf
½ Bund Schnittlauch
2 EL Röstzwiebeln

1 Baguette

Die Bauchfleischscheiben von beiden Seiten kräftig salzen und pfeffern. Den Knoblauch abziehen und fein hacken. Rosmarin, Majoran und Kräuter der Provence abzupfen und fein hacken. Das Sonnenblumenöl mit Knoblauch, Rosmarin, Majoran und der Hälfte der Kräuter der Provence verrühren und das Fleisch damit einpinseln.

Den Grill vorbereiten. Für die Gemüsepäckchen die Kräuterseitlinge, den Fenchel und die Aubergine putzen und in Stücke schneiden. Die Cocktailtomaten waschen. Die Schalotte abziehen und fein hacken, den Knoblauch nur abziehen. Den Gorgonzola in längliche Streifen schneiden. Vier große, viereckige Stücke Alufolie mit Olivenöl einpinseln und die Mangoldblätter darauflegen. Das restliche Gemüse gleichmäßig darauf verteilen, je Portion 1 Knoblauchzehe und einige Kräuter der Provence daraufgeben und kräftig salzen und pfeffern. Den Gorgonzola darauf verteilen und die Alufolie zu Päckchen formen. 15 Minuten grillen.

Für die Quarkdips den Knoblauch abziehen und pressen. Quark mit Sahne, Knoblauch und Zitronensaft glatt rühren. Die Masse auf zwei Schüsseln verteilen. Für den Estragon-Senf-Dip den Estragon von den Stielen zupfen, hacken und mit dem Senf unter den Quark rühren. Für den Röstzwiebel-Dip den Schnittlauch in feine Röllchen schneiden und mit den Röstzwiebeln unter den Quark mischen.

Die Bauchfleischscheiben auf dem heißen Grill von jeder Seite 8–10 Minuten knusprig grillen. Mit Baguette servieren.

GEKOCHT MIT DIRK BACH

GEKOCHT MIT AXEL SCHULZ

Saftiger Steakburger

À LA HORST

Johann: Typisch Horst, das ist für mich die Zutat Fleisch in rustikaler Form. Hier nahm er statt einer burgertypischen Frikadelle ein großes Steak und brachte Axel Schulz damit zum Strahlen.

FÜR 4 PERSONEN

1 Gemüsezwiebel
2 Roma-Tomaten
100 g Rucola

Die Gemüsezwiebel abziehen und in dünne Scheiben hobeln. Tomaten waschen und in dünne Scheiben schneiden. Rucola waschen und trocken schütteln.

1 Schalotte
100 g Mayonnaise
2 EL gehackte Kräuter (z. B. Petersilie, Thymian, Rosmarin)
Saft von ½ Zitrone
1 Msp. Cayennepfeffer
Salz
grober schwarzer Pfeffer

Die Schalotte abziehen und fein hacken. Mayonnaise mit den Kräutern, der gehackten Schalotte, etwas Zitronensaft, Cayennepfeffer, Salz und Pfeffer mischen.

4 Big-Burger-Brötchen
8 Scheiben Rindersteak (à 140 g)
2 EL Olivenöl
4 Scheiben Chester-Käse

Den Backofen auf Grillfunktion (230° C) vorheizen. Die Burger-Brötchen aufschneiden und kurz im Ofen angrillen. Eine Pfanne heiß werden lassen. Die Rindersteaks mit etwas Öl einstreichen und von jeder Seite 1 Minute anbraten. Mit Salz und Pfeffer bestreuen und die Käsescheiben darauflegen.

4 EL Ketchup
2 EL Senf

Die unteren Brötchenhälften mit Mayonnaise bestreichen, mit Gemüsezwiebeln, Tomaten und Rucola belegen und je 2 Scheiben Fleisch darauflegen. Die oberen Hälften mit Ketchup und etwas Senf bestreichen, Burger zusammenklappen und mit einem Holzspieß fixieren.

4 Holzspieße

Nach Belieben mit frisch frittierten Pommes servieren.

Königsberger Klopse

MIT BUTTERKARTÖFFELCHEN (OHNE KAPERN)

Johann: Typisch Horst ... das ist für mich die Zubereitung von Klassikern. Hier spielt er sein Können aus, da er Rezepte, die er von seiner Mutter früh erlernt hat, aus dem Effeff beherrscht.

FÜR 4 PERSONEN

500 g kleine, vorwiegend festkochende Kartoffeln
30 g Butter
2 EL gehackte glatte Petersilie

1 Zwiebel
1 Knoblauchzehe
1 altbackenes Brötchen
100 ml Milch
500 g gemischtes Hackfleisch
1 Ei • 1 TL Senf
½ TL Paprikapulver, edelsüß
Salz • Cayennepfeffer

1 Zwiebel
20 g Butter
1 EL Mehl
500 ml Fleischbrühe
150 g Sahne
4 Zweige Dill

Die Kartoffeln waschen, schälen und, knapp mit Wasser bedeckt, weich garen. Anschließend abgießen und kurz ausdampfen lassen. Butter und gehackte Petersilie unterschwenken.

Für die Hackbällchen die Zwiebel und den Knoblauch abziehen und klein hacken. Das Brötchen grob würfeln und in der Milch einweichen. Hackfleisch mit Zwiebel, Knoblauch, dem gut ausgedrückten Brötchen, Ei, Senf und Paprikapulver vermengen. Salzen und pfeffern. Aus der Masse mit angefeuchteten Händen 8 Bällchen formen und auf einen Teller geben.

Für die Sauce die Zwiebel abziehen und klein würfeln. Butter in einem Topf erhitzen, Zwiebelwürfel darin anschwitzen. Mehl zugeben und anschwitzen, ohne dass es Farbe annimmt. Nach und nach die Brühe zugießen und unter ständigem Rühren aufkochen. Sahne dazugeben, salzen und pfeffern. Die Klopse in die Sauce geben und 10–15 Minuten köcheln lassen.

Dill hacken und zuletzt unter die Sauce mischen. Zum Anrichten die Klopse mit der Sauce und den Kartoffeln auf Teller verteilen.

„Florian, ich hab schon viele Leute hiergehabt, aber niemanden, der in so kurzer Zeit eine solche Sauerei gemacht hat.“

GEKOCHT MIT FLORIAN SCHROEDER

Gefüllte Buletten

MIT BRATKARTOFFELN UND GURKENSALAT

Johann: Typisch Horst, das ist für mich gutbürgerliche Küche mit dem gewissen Pfiff. Hier gibt die Füllung der Bulette eine besonders saftige Note.

FÜR 4 PERSONEN

1 Zwiebel • 1 Knoblauchzehe
600 g gemischtes Hackfleisch
1 TL Senf • 1 EL Semmelbrösel
1 Ei • 1 EL gehackte glatte Petersilie • Salz • Pfeffer aus der Mühle • 8 Minimozzarella
2 EL Rapsöl

500 g Kartoffeln, vom Vortag
1 Zwiebel • 50 g Frühstücksspeck
2 EL Rapsöl

1 Salatgurke • 50 g Schmand
2 EL Weißweinessig
Zucker • 1 EL gehackter Dill

GEKOCHT MIT MICHAEL MENDL

Zwiebel und Knoblauch abziehen und klein würfeln. Zusammen mit dem Hackfleisch, Senf, Semmelbröseln, Ei und gehackter Petersilie in eine Schüssel geben. Kräftig salzen und pfeffern und gut mischen.

Das Hackfleisch zu Buletten formen, je 1 Mozzarellakugel hineindrücken und die Buletten gut verschließen. Rapsöl in einer Pfanne erhitzen und die Buletten darin von beiden Seiten kross anbraten. Bei mittlerer Hitze gar ziehen lassen.

Kartoffeln schälen und würfeln. Zwiebel abziehen und hacken. Frühstücksspeck würfeln. Rapsöl in einer weiteren Pfanne erhitzen und die Kartoffeln darin goldbraun und knusprig braten. Anschließend Zwiebeln und Frühstücksspeck zugeben und so lange mitbraten, bis alles gut angeröstet ist. Bratkartoffeln salzen und pfeffern.

Die Gurke waschen, schälen und in Scheiben hobeln. Gurkenscheiben leicht salzen und kurz durchkneten. 5 Minuten ziehen lassen. Das entstandene Wasser abgießen. Schmand mit Essig verrühren und kräftig mit Zucker und etwas Salz abschmecken. Gurken mit dem Schmand und Dill marinieren. Zum Anrichten die Bratkartoffeln und Buletten auf Teller verteilen und den Gurkensalat dazu servieren.

„Wenn das ein Vegetarier riecht, betet er zum lieben Gott: Bitte lass es Blumenkohl sein."

Rindersteaks

MIT KRÄUTERBUTTER UND FARFALLE

Johann: Typisch Horst, das ist für mich Butter. Hier zeigt sich, wie wichtig diese Zutat sein kann. Das Steak bekommt dadurch erst seinen saftig-würzigen Geschmack.

FÜR 4 PERSONEN

4 Rindersteaks (à 400 g)
Salz
Pfeffer aus der Mühle
1–2 EL Rapsöl

1 Knoblauchzehe
1 Bund gemischte Kräuter
100 g weiche Butter
Saft von ½ Zitrone

250 g Farfalle

50 g Kalamata-Oliven, entsteint
4 getrocknete Tomatenfilets in Öl
2 EL kleine Kapern
1 rote Zwiebel • 2 EL Olivenöl
1 Bund Basilikum
Fleur de Sel

GEKOCHT MIT MARGIE KINSKY

Rindersteaks mindestens 1 Stunde vor der Zubereitung aus dem Kühlschrank nehmen. Den Backofen auf 100° C Ober-/Unterhitze vorheizen.

Das Fleisch salzen und pfeffern. Eine Gusseisenpfanne sehr heiß werden lassen. Das Fleisch mit etwas Öl einreiben und in der Pfanne von beiden Seiten 2 Minuten anbraten. Steaks auf ein Ofengitter legen und 20 Minuten im Ofen garen.

Für die Kräuterbutter den Knoblauch abziehen und klein hacken. Kräuter abbrausen, die dicken und festen Stiele entfernen, Blätter fein hacken. Knoblauch und Kräuter zur Butter geben und verrühren. Mit Salz, Pfeffer und Zitronensaft abschmecken. Butter auf ein Stück Frischhaltefolie geben, einwickeln und zu einer Rolle formen. Kalt stellen.

Farfalle in einem Topf mit reichlich kochendem Salzwasser bissfest kochen. Abgießen und abtropfen lassen.

Oliven, getrocknete Tomaten und Kapern klein hacken. Die Zwiebel abziehen und klein hacken. Alles in einer Pfanne im Olivenöl anschwitzen. Farfalle zugeben, unterschwenken und mit Salz und Pfeffer würzen. Basilikum abbrausen, trocken tupfen und die Blätter grob zupfen. Zur Pasta geben.

Rindersteaks aus dem Ofen nehmen, in dicke Streifen schneiden, mit Fleur de Sel bestreuen und auf den Farfalle anrichten. Die Kräuterbutter in Scheiben schneiden und auf das Fleisch legen.

Krabbensalat

IM GURKENBECHER MIT DILLMAYO

Johann: Typisch Horst, das ist für mich zeitlose Küche. Hier kreiert er einen Krabbensalat, der seit Jahrzehnten auf den Speisekarten zu finden ist.

FÜR 4 PERSONEN

1 kleine Zwiebel
2 Frühlingszwiebeln
1 kleine Dose Mais
1 milde rote Chilischote
200 g gepulte Nordseekrabben
Salz • Pfeffer aus der Mühle
2 EL Weißweinessig
2 EL Olivenöl

1 Salatgurke
3 EL Mayonnaise
2 EL Joghurt
1 Bund Dill
½ Zitrone

Die Zwiebel abziehen und klein würfeln. Frühlingszwiebeln putzen, waschen und in Ringe schneiden. Mais in einem Sieb abtropfen lassen. Die Chili halbieren, entkernen und klein würfeln. Alles mit den Krabben in einer Schüssel mischen. Den Salat mit Salz, Pfeffer, Essig und Olivenöl marinieren.

Die Gurke waschen, abtrocknen und in 8 gleich große Stücke schneiden. Gurkenstücke auf die Schnittfläche stellen und mit einem Teelöffel aushöhlen, sodass ein kleiner Becher entsteht. Den Krabbensalat in die Becher füllen und auf eine Platte stellen.

Die Mayonnaise mit dem Joghurt mischen. Dill abbrausen und trocken schütteln. Einige Spitzen zum Garnieren beiseitelegen, restlichen Dill klein hacken, zur Mayonnaise geben und mit Salz, Pfeffer und Zitronensaft würzen.

Einen kleinen Klecks Dillmayo auf jeden Gurkenbecker geben und die Dillspitzen als Garnitur darauflegen.

Scholle mit Speckwürfeln

UND ENDIVIENSALAT IN KARTOFFELDRESSING

Johann: Typisch Horst, das ist für mich Fisch. Hier gibt der leicht herbe Endiviensalat dem Klassiker Gebratene Scholle mit Speck eine ganz neue Note.

FÜR 4 PERSONEN

4 Kartoffeln
Salz
2 Knoblauchzehen
1 Schalotte
4 EL Rinderfond
2 EL Sherryessig
2 EL weißer Aceto balsamico
1 Zweig Thymian
Pfeffer aus der Mühle
Zucker
½ Bund Schnittlauch
3 EL Rapsöl

1 Endiviensalat

4 küchenfertige Schollen (à 375 g)
6 EL Mehl
250 g durchwachsener Speck

GEKOCHT MIT WOLFGANG FIEREK

Die Kartoffeln abbürsten und in Salzwasser garen. Anschließend abkühlen lassen. Den Knoblauch und die Schalotte abziehen und fein schneiden. Rinderfond zusammen mit Sherryessig, Aceto balsamico, Knoblauch, Schalotte und dem Thymianzweig in einen Topf geben und kurz aufkochen lassen. Alles vom Herd nehmen und 10 Minuten ziehen lassen. Den Thymian wieder entfernen. Die gegarten Kartoffeln pellen, durch die Presse drücken und in den Sud geben. Mit Salz, Pfeffer und 1 Prise Zucker herzhaft abschmecken. Den Schnittlauch in feine Röllchen schneiden. Das Öl in das Dressing einrühren und die Schnittlauchröllchen zugeben. Alles erneut mit Salz und Pfeffer abschmecken.

Den Endiviensalat waschen, trocken schütteln und in feine Streifen schneiden.

Die Schollen abbrausen und trocken tupfen. Beidseitig kräftig salzen und pfeffern und in Mehl wenden. Speck in Würfel schneiden, in einer heißen Pfanne auslassen und wieder herausnehmen. Die Schollen im Speckfett von jeder Seite etwa 4 Minuten braten.

Den Endiviensalat erst kurz vor dem Anrichten mit dem Kartoffeldressing vermengen. Die Scholle dekorativ anrichten und dazu servieren.

„Schneid die Speckwürfel ordentlich. Die sollten alle gleich dick sein. Sehen ja aus wie abgebissen!“

since 1994

Süße Leckerschen und Eis

Johann ist ja nicht nur Koch, Fernsehkoch, Sternekoch oder schlicht Kochgott, Johann ist ja auch Patissier. Also Nachtischmacher. Das war er schon bei Witzigmann in München und Lenôtre in Paris. Letzterer gilt als grundlegender Erneuerer des internationalen Konditorhandwerks. Bei mir musste Johann die Liebe zu süßen Leckerschen nie erneuern. Die war schon vorhanden. Aber manch ein Löffel seiner Desserts haben mir die Tränen der Glückseligkeit in die Augen getrieben.

Parfait von Orangenthymian

UND AMARETTINI MIT HIMBEEREN

Horst: Ich finde das ja immer abgefahren, wenn man Zutaten ungewöhnlich kombiniert. Thymian im Nachtisch in der Kombi mit Orangen, zum Beispiel. Hättste mir das vor 15 Jahren gesagt, hätte ich, ohne es probiert zu haben, geraten, erst einmal die Geschmacksknospen untersuchen zu lassen.

FÜR 4 PERSONEN

100 g Amarettini
50 g flüssige Butter

10 Zweige Orangenthymian
125 g Puderzucker
Saft von ½ Bio-Orange

200 g Schlagsahne extra (36 % Fett)
2 Eier
4 Eigelb

500 g Himbeeren
2 EL Puderzucker
Saft von ½ Zitrone

2 Eiweiß
50 g Zucker
4 Zweige Minze

4 Vorspeisenringe (Ø ca. 10 cm)

Amarettini in einem Gefrierbeutel fein zerbröseln. In einer Schüssel mit der flüssigen Butter verrühren. Vorspeisenringe auf eine rutschfeste, flache Platte setzen. Die Amarettinibrösel in die vier Ringe verteilen, gut andrücken, sodass ein Boden entsteht. Kalt stellen.

Für das Parfait den Orangenthymian abbrausen, grob hacken und mit Puderzucker, Orangensaft und 100 ml Wasser 5 Minuten sirupartig einkochen lassen. Etwas abkühlen lassen und abseihen.

Die Sahne steif schlagen und kalt stellen. Ganze Eier und Eigelbe in eine Schüssel geben und über dem heißen Wasserbad 5 Minuten dickschaumig aufschlagen. Vom Wasserbad nehmen und auf eine Schüssel mit Eiswasser setzen und weitere 2–3 Minuten schlagen. Geschlagene Sahne unterheben und die Masse in die vorbereiteten Ringe füllen. Glatt streichen und 3–4 Stunden gefrieren lassen.

Die Hälfte der Himbeeren mit Puderzucker und Zitronensaft fein pürieren. Das Himbeerpüree durch ein feines Sieb streichen.

Eiweiße und Zucker verrühren und in einem Topf auf 50° C erwärmen, anschließend in der Küchenmaschine dickschaumig aufschlagen. In einen Spritzbeutel füllen.

Das Parfait aus den Ringen lösen und auf Dessertteller setzen. Die Baisermasse auf das Parfait spritzen und mit einem Bunsenbrenner abflämmen. Die Himbeeren auf dem Parfait verteilen und mit der Himbeersauce beträufeln. Mit Minzeblättchen garnieren.

GEKOCHT MIT HANNELORE HOGER

„Ich muss schon sagen, ich hab schon schlechter gekocht."

Ingwer-Zitronengras-Crème-brulée

MIT ERDBEERSALAT

Horst: Wenn mir jemand vor vielen Jahren gesagt hätte, ich dürfte mal mit dem Meister des Swing, James Last, in einem Fernsehstudio stehen, hätte ich gesagt: „Träum weiter." Wieso sollte Gott eine Audienz geben? Ein ganz großer Moment für mich.

FÜR 4 PERSONEN

30 g frischer Ingwer
2 Stangen Zitronengras
250 ml Milch
400 ml Sahne
6 Eigelb
80 g weißer Zucker

2 EL brauner Zucker
Saft von 1 Limette
½ Vanilleschote
2 cl weißer Rum

500 g Erdbeeren
1 Bund Minze

4 EL brauner Zucker

GEKOCHT MIT JAMES LAST

Ingwer schälen und in Scheiben schneiden. Zitronengras mit dem Messerrücken anklopfen und in grobe Stücke schneiden. Milch und Sahne in einen Topf geben, Ingwer und Zitronengras dazugeben und aufkochen. Vom Herd nehmen und 10 Minuten ziehen lassen. Eigelbe und weißen Zucker in einer großen Schlagschüssel verrühren. Die Schüssel auf ein heißes Wasserbad setzen. Die Ingwer-Sahne-Mischung durch ein Sieb zu den Eiern geben und unter Rühren erwärmen, bis die Masse bindet. Sofort durch ein Sieb in eine gekühlte Schüssel gießen.

Den Backofen auf 140° C Ober-/Unterhitze vorheizen. Ingwercreme in vier ofenfeste Schalen (à ca. 250 ml) verteilen. Die Schalen in eine flache Form stellen. So viel heißes Wasser in die Form füllen, dass die Schalen zu zwei Dritteln im Wasser stehen. Auf der untersten Schiene 70–80 Minuten im Ofen garen. Am besten über Nacht auskühlen lassen.

Braunen Zucker, Limettensaft und Vanillemark mit 2 Esslöffel Wasser in einem Topf aufkochen. In 3–4 Minuten sämig einkochen lassen. Rum zugeben, vom Herd nehmen und abkühlen lassen.

Erdbeeren abbrausen, gut abtropfen lassen und putzen. Je nach Größe vierteln oder halbieren. Erdbeeren mit dem abgekühlten Sud in einer Schüssel mischen. Minze abbrausen, trocken schütteln und die Blätter klein zupfen. Minze zum Salat geben.

Erdbeersalat in kleinen Schüsseln anrichten. Die Crème brulée kurz vor dem Servieren gleichmäßig mit braunem Zucker bestreuen und mit einem Bunsenbrenner karamellisieren. Den Erdbeersalat dazu servieren.

Topfenknödel

MIT RHABARBER UND TONKABOHNEN-SABAYON

Horst: Ein Tipp für alle Scrabblespieler: Merken Sie sich das Wort Tonkabohnen-Sabayon, es könnte Ihnen eines Tages auf einen Schlag 250 Punkte und damit den Gesamtsieg bringen.

FÜR 4 PERSONEN

200 g Magerquark
50 g weiche Butter
25 g Zucker • 1 Ei • 1 Eigelb
1 Msp. Zimt • Mark von 1 Vanilleschote • 125 g Weißbrot
1 Bio-Orange • 100 g Zucker
50 g Semmelbrösel
Puderzucker zum Bestäuben

500 g roter Rhabarber
50 g Puderzucker
100 g TK-Himbeeren
100 ml Rosé-Sekt
1 TL Speisestärke

1 Msp. geriebene Tonkabohne
2 Eigelb • 35 g Zucker
150 ml Weißwein

4 Zweige Minze zum Garnieren

GEKOCHT MIT STEFANIE HERTEL

Für die Knödel den Quark in ein Tuch geben und gut ausdrücken. Die Hälfte der Butter mit dem Zucker schaumig rühren. Ei und Eigelb dazugeben und unterrühren. Dann den Quark sowie Zimt und Vanillemark unterheben. Weißbrot entrinden, fein würfeln und gründlich mit der Quarkmasse vermischen. Abgedeckt etwa 40 Minuten kalt stellen.

Die Orange in Scheiben schneiden und mit 1,5 l Wasser und Zucker zum Kochen bringen. Aus der Quarkmasse mit angefeuchteten Händen Knödel formen, in den Topf geben und etwa 20 Minuten ziehen lassen. Restliche Butter aufschäumen, Semmelbrösel untermischen. Knödel abtropfen lassen, in der Bröselbutter wälzen und mit Puderzucker bestäuben.

Den Backofen auf 120° C Ober-/Unterhitze vorheizen. Rhabarber waschen, die Enden abschneiden, die Fäden an der Innenseite des Rhabarbers mit einem Messer abziehen. Danach der Länge nach halbieren und in etwa 5 mm große Würfel schneiden. Rhabarber auf ein Backblech geben und mit Puderzucker bestäuben. Die Himbeeren dazugeben und mit Sekt aufgießen. Etwa 15 Minuten im Ofen weich garen. Herausnehmen und den Rhabarber durch ein Sieb in einen Topf geben. Speisestärke in etwas kaltem Wasser anrühren. Den Sud aufkochen, mit der Stärke binden und die Würfel wieder in den Sud geben.

Für die Sabayon die Tonkabohne mit den Eigelben, Zucker und Weißwein in einer Schüssel verrühren. Über einem Wasserbad dickschaumig aufschlagen.

Den Rhabarber in vier vorgewärmte Teller verteilen und die Knödel daraufsetzen. Mit Sabayon und Minze vollenden.

Frucht-Tartelettes

Horst: Es heißt ja, man soll mindestens fünfmal am Tag Obst essen. Viermal davon würde ich mich für diese Tartelettes entscheiden und am Abend für einen Obstler.

FÜR 4 PERSONEN

180 g Mehl
90 g Butter
45 g Puderzucker
1 Prise Salz

1 Vanilleschote
250 ml Milch
3 Eigelb
30 g Zucker
20 g Speisestärke
150 g Sahne

100 g kleine, kernlose weiße und rote Trauben
100 g Himbeeren
100 g Heidelbeeren
1 Mango
50 g Physalis
1 Kiwi
200 g Aprikosenmarmelade

12 Tartelettеförmchen (Ø 5 cm)
Mehl und Butter für die Förmchen und zum Ausrollen
Backpapier und Hülsenfrüchte zum Blindbacken

Aus Mehl, Butter, Puderzucker, Salz und 2 Esslöffel Wasser einen Mürbeteig kneten. In Folie wickeln und 30 Minuten kühl stellen.

Die Vanilleschote aufschlitzen und das Mark herauskratzen. Vanillemark, Vanilleschote und 200 ml Milch zum Kochen bringen. Die restliche Milch mit den Eigelben, Zucker und Speisestärke verrühren. Die angerührten Eigelbe in die kochende Milch gießen und unter Rühren zum Kochen bringen. 1 Minute kochen lassen und sofort in eine Schüssel umfüllen. Mit Frischhaltefolie abdecken und erkalten lassen.

Den Backofen auf 190° C Ober-/Unterhitze vorheizen. 12 Tartelette-förmchen mit Butter ausfetten und mit Mehl ausstäuben. Den Mürbeteig auf der bemehlten Arbeitsfläche dünn ausrollen. Mit einem Tartelettеförmchen 12 Kreise ausstechen, die Teigkreise in die Förmchen legen, dabei die Ränder andrücken, und den Teig mit einer Gabel mehrmals einstechen. Backpapierkreise ausschneiden, etwa 2 cm größer als die Tartelettеförmchen. Diese auf den Teig legen und mit Hülsenfrüchten bedecken. Tartelettes 10 Minuten backen, Hülsenfrüchte und Backpapier entfernen und weitere 6–8 Minuten backen. Herausnehmen und abkühlen lassen.

Die Sahne schlagen und unter die kalte Creme heben. In einen Spritzbeutel füllen. Die Creme auf die abgekühlten Böden spritzen und kalt stellen.

Das Obst waschen, putzen und ggf. schneiden. Die Tartelettes mit dem Obst belegen. Aprikosenmarmelade in einem kleinen Topf erwärmen und glatt rühren, die Törtchen damit überziehen.

GEKOCHT MIT ULLA KOCK AM BRINK

Kaiserschmarrn

À LA JOHANN LAFER

Horst: Also ich kenn ja den Kaiserschmarrn von Alfons Schuhbeck, und der ist eine gemeingefährliche Waffe des guten Geschmacks. Der von Johann steht dem um nichts nach, ich denke, er fällt wegen seines hohen Suchtpotenzials unter das Betäubungsmittelgesetz.

FÜR 4 PERSONEN

1 Vanilleschote
1 Bio-Zitrone

500 ml Milch
250 g Mehl
80 g Zucker
9 Eier

50 g Butter

GEKOCHT MIT KAI PFLAUME UND MANON STRACHÉ

Die Vanilleschote aufschlitzen und das Mark herauskratzen. Die Schale der Zitrone fein abreiben.

Milch mit Mehl, der Hälfte des Zuckers, Vanillemark und Zitronenabrieb glatt rühren. Eier aufschlagen und in den Teig geben. Alles mit dem Holzlöffel locker verrühren.

Den Backofen auf 180° C Umluft vorheizen.

Butter und restlichen Zucker in einer große Pfanne erwärmen. Die Kaiserschmarrn-Masse in die Pfanne geben und 1 Minute auf dem Herd erwärmen.

Die Pfanne in den Ofen schieben und den Schmarrn auf der zweiten Schiene von unten 20–25 Minuten backen. Den Schmarrn aus dem Ofen nehmen und mit zwei Pfannenwendern in Stücke teilen.

Den Kaiserschmarrn nach Belieben mit etwas mehr Zucker bestreuen, wenden und in der Pfanne kurz karamellisieren.

„Johann, du bist wirklich ein Kaiser. Ohne Schmarrn!"

Zitronen-Brombeer-Tarte

MIT ROSMARINBAISER

Horst: Als die Liaison von Thymian und Orange sowie Basilikum und Erdbeere in der Kräuterwelt bekannt wurde, war der Rosmarinstängel rasend vor Eifersucht. Er wollte sich auch endlich etwas Süßes anlachen. Du sollst nicht traurig sein, sprach der große Lafer und schenkte ihm ein Schaumbad in süßem Eiweiß, das dann auch noch hart wurde und sich von da ab Baiser nannte.

FÜR 4 PERSONEN

50 g Butter • 1 Prise Salz
25 g Puderzucker
1 EL gemahlene Haselnusskerne
1 Eigelb
Mark von ½ Vanilleschote
70 g Mehl

4 Bio-Zitronen • 4 Eier
125 g Butter
200 g Zucker
1 Zweig Rosmarin
400 g Brombeeren

Backpapier und Hülsenfrüchte zum Blindbacken
1 Tarteform mit herausnehmbarem Boden (Ø 24 cm)
Butter und Mehl für die Form

GEKOCHT MIT JAN SOSNIOK

Butter in der Küchenmaschine geschmeidig rühren. Salz, Puderzucker, Haselnüsse, Eigelb und Vanillemark unterrühren. Zuletzt das Mehl unterkneten. Den Teig in Folie wickeln und 2 Stunden kühl stellen.

Den Backofen auf 180° C Ober-/Unterhitze vorheizen. Eine Tartefom ausfetten und mit Mehl ausstäuben. Den Teig auf der bemehlten Arbeitsfläche ausrollen und in die vorbereitete Form legen. Mit einem runden Stück Backpapier (etwas größer als die Form) belegen, die Hülsenfrüchte daraufgeben. 18–20 Minuten vorbacken.

Für die Zitronencreme die Zitronen heiß abwaschen und abtrocknen. Die Schale fein abreiben und den Saft auspressen. 125 ml Zitronensaft abmessen. Die Eier trennen. Eiweiße beiseitestellen. Die Butter in einem Topf zerlassen, Zitronensaft und -schale und 150 g Zucker dazugeben und unter Rühren bei schwacher Hitze erwärmen, bis die Flüssigkeit bindet. Die Eigelbe verquirlen und unter die Buttermasse rühren. Die Masse unter Rühren 1–2 Minuten erwärmen, bis sie dickflüssig ist. Die Zitronencreme auf dem vorgebackenen Boden verteilen. Die Tarte, am besten über Nacht, kühl stellen.

50 g Eiweiß abwiegen, mit 50 g Zucker in einem Topf auf 55° C erwärmen. Rosmarin waschen und trocken tupfen. Nadeln fein hacken und zusammen mit dem warmen Eiweiß in der Küchenmaschine steif schlagen. Den Eischnee in einen Spritzbeutel mit Sterntülle füllen. Die Brombeeren dicht an dicht auf die Tarte setzen. Kleine Tupfen Eischnee auf die Brombeeren spritzen und mit einem Bunsenbrenner abflämmen.

Warme Schokoladentarte

MIT ANANASKOMPOTT UND KOKOSEIS

Horst: Wie gut, dass Johann die Eismaschine auf die einsame Insel genommen hatte. So war er vorbereitet, als ihm die Kokosnuss in die Hand fiel, nachdem er die letzte Ananas der Insel gerade zu Kompott gehackt und aus den Kakaobohnen 'nen leckeren Kuchen gemacht hatte.

FÜR 4 PERSONEN

250 ml Kokosmilch
250 g Sahne
80 g Zucker
2 Eier
2 Eigelb
3 cl Kokoslikör
Saft und Abrieb von
1 Bio-Limette
2 EL Schokotropfen

Kokosmilch und Sahne aufkochen. Zucker mit den ganzen Eiern und den Eigelben verrühren. Die heiße Kokossahne langsam unter Rühren zugeben. Bei mittlerer Hitze auf dem Herd erwärmen, dabei ständig weiterrühren. Sobald die Masse bindet, durch ein Sieb in eine Schüssel gießen und abkühlen lassen. Kokoslikör sowie Limettensaft und etwas -abrieb unterrühren und alles in der Eismaschine gefrieren lassen. Zuletzt die Schokotropfen untermischen.

150 g Zartbitterschokolade
(70 % Kakaoanteil)
110 g Butter
110 g Zucker
3 Eier
Salz
1½ EL Mehl

Den Backofen auf 160° C Ober-/Unterhitze vorheizen. Schokolade, Butter und 30 g Zucker in einer Schüssel über einem heißen Wasserbad schmelzen. Eier trennen. Eiweiß mit 1 Prise Salz steif schlagen, dabei den restlichen Zucker einrieseln lassen. Eigelbe und das Mehl nacheinander unter die flüssige Schokolade rühren. Vom Wasserbad nehmen und den Eischnee unterheben. Den Teig in eine mit Backpapier ausgelegte Tarteform füllen und 25–30 Minuten auf der mittleren Schiene backen.

1 Ananas
1 kleine Chilischote
50 g Zucker
1 Vanilleschote
2 Sternanis
1 Zimtstange

Die Ananas schälen, Strunk herausschneiden und das Fruchtfleisch würfeln. Die Chili halbieren und entkernen. Zucker in einer Pfanne karamellisieren, Chili und Gewürze zugeben und kurz anrösten. Ananaswürfel zufügen und unterschwenken. Bei geringer Hitze 1–2 Minuten schmoren.

Puderzucker zum Bestäuben

1 Tarteform (Ø 24 cm)

Die Schokoladentarte aus der Form heben, in Stücke schneiden und auf einer Platte anrichten. Mit Puderzucker bestäuben. Das Ananaskompott und das Kokoseis mit der Tarte anrichten.

GEKOCHT MIT STEFANIE STAPPENBECK

Mokka-Haselnuss-Soufflé

MIT NOUGATSAUCE

Horst: Nougat ist, wie Marzipan, für mich so etwas wie ein Lebenselixier. Und da meine Fernsehkochzeit ja damit begann, einst das flachste Soufflé aller Zeiten aus dem Ofen zu ziehen, bewundere ich immer, was für schön gewachsene Dinge Johann manchmal hervorholt.

FÜR 4 PERSONEN

150 ml Milch
3 TL Instant-Espressopulver
35 g Butter
35 g Mehl
3 EL Haselnusslikör
45 g weicher Nussnougat

3 Eier
Salz
75 g Zucker

50 g Nuss-Nougat
20 g Bitterschokolade
150 g Sahne

Butter zum Einpinseln der Förmchen
Zucker zum Ausstreuen
Puderzucker zum Bestäuben

Vier Souffléförmchen bis zum Rand mit Butter einpinseln und mit Zucker ausstreuen.

Milch mit dem Espressopulver erhitzen. Butter in einem kleinen Topf zerlassen, Mehl dazugeben und unterrühren. Die heiße Mokkamilch nach und nach zur Mehlschwitze gießen, dabei zügig weiterrühren. Den entstandenen Brei in eine Schüssel umfüllen, den Likör und denn Nussnougat zufügen und glatt rühren.

Den Backofen auf 200° C Ober-/Unterhitze vorheizen.

Eier trennen. Die Eigelbe zum Mokkabrei geben und glatt rühren (es sollten keine Klümpchen vorhanden sein!). Das Eiweiß mit 1 Prise Salz steif schlagen, dabei nach und nach den Zucker einrieseln lassen. Den Eischnee behutsam unterheben. Die Soufflémasse bis knapp unter den Rand in die Förmchen füllen. Die Soufflés auf ein heißes Backblech stellen und auf der untersten Schiene 12–14 Minuten backen.

Für die Sauce den Nougat in Würfel schneiden und die Schokolade klein hacken. Die Sahne erhitzen und zuerst den Nougat darin vollständig auflösen, danach die Schokolade einrühren.

Zum Servieren die Soufflés aus der Form stürzen und mit Puderzucker bestäuben. Mit reichlich Nougatsauce rasch servieren.

POLECAM-DELUXE
Lichter's

Süßes Finale

Wenn man sich, wie ich, sein Berufsleben lang mit der Patisserie beschäftigt hat, weiß man genau, worauf es bei einem guten Dessert ankommt: Was nutzen Handwerkskunst, komplizierte Rezepte oder verrückte Kreationen, wenn das Ergebnis langweilig und leidenschaftslos ist? Beim Nachtisch gilt eigentlich nur eines: Er muss lecker sein. Ich habe für das süße Finale hier ausschließlich die leckersten der leckeren süßen Gerichte von Horst herausgesucht.

Herrencreme
À LA HORST

Johann: Seit ich Horst kenne, kenne ich auch seine Herrencreme. Liest man nur den Titel „Herrencreme“, weiß man nicht genau, wohin die Reise geht. Probiert man dann jedoch einen Löffel, weiß man genau, wieso diese Nachtischköstlichkeit Herrencreme heißt.

FÜR 4 PERSONEN

8 Löffelbiskuits
2 cl brauner Rum

Löffelbiskuits in Stücke brechen und in vier Dessertschalen verteilen. Mit dem Rum beträufeln und beiseitestellen.

500 ml Milch
3 Eigelb
30 g Zucker
35 g Speisestärke
100 g Zartbitterkuvertüre, grob gehackt

Milch in einen Topf geben und einmal aufkochen. Eigelbe, Zucker und Speisestärke in einer Schüssel verrühren, bis sich der Zucker aufgelöst hat. Einen Teil (etwa ein Drittel) der heißen Milch zur Eigelbmischung geben und verrühren. Zur restlichen Milch in den Topf geben und unter Rühren aufkochen, bis die Creme dick ist. Die Kuvertüre zur Creme geben und unterrühren, bis sie sich aufgelöst hat. Die Schokocreme in Dessertgläser füllen und kalt stellen.

150 g Sahne
1 EL Vanillezucker
4 cl Eierlikör
100 g weiße Kuvertüre

Die Sahne steif schlagen, dabei den Vanillezucker einrieseln lassen. Eierlikör und die Vanillesahne auf der Schokocreme verteilen. Von der weißen Kuvertüre Späne hobeln und auf der Creme verteilen.

GEKOCHT MIT JÜRGEN VON DER LIPPE

„Die Eierlikörindustrie müsste dir goldene Eier verleihen, so oft, wie du ihn benutzt!“

Schwarzwaldbecher

Johann: Hört man „Schwarzwaldbecher“, hat man sofort eine Ahnung, wohin die Reise auf dem Dessertbuffet gehen könnte. Wem die klassische Schwarzwälder Kirschtorte zu mächtig und zu sehr ein Kuchen ist, dem wird diese Alternative bestimmt sehr, sehr gut gefallen.

FÜR 4 PERSONEN

1 Glas Sauerkirschen
150 g Gelierzucker 2:1
Saft von ½ Zitrone

8 Schoko-Cookies
4 cl Espresso
2 cl brauner Rum

150 g Sahne
1 geh. EL Puderzucker
3 EL Schokostreusel

Minze zum Garnieren

Sauerkirschen in einem Sieb abtropfen lassen, dabei den Saft auffangen. 300 ml Saft abmessen (evtl. mit Kirschsaft oder Rotwein auffüllen).

Den Kirschsaft mit dem Gelierzucker und Zitronensaft in einem Topf verrühren und aufkochen. Unter Rühren 3 Minuten kochen lassen. Kirschen untermischen und in eine Schüssel füllen. Abkühlen lassen.

Schoko-Cookies in große Stücke brechen und in Dessertgläser verteilen. Den Espresso mit dem Rum verrühren und die Cookies damit tränken. Beiseitestellen und durchziehen lassen.

Die Sahne mit dem Puderzucker steif schlagen. Schokostreusel unter die Sahne mischen. Die Kirschen auf den getränkten Cookies verteilen und die Sahne daraufgeben. Mit frischen Minzeblättern garnieren.

GEKOCHT MIT JANIN REINHARDT

„Wenn man deinen Nachtisch probiert, weiß man, wieso es im Schwarzwald so viele herausragende Restaurants gibt!“

Erdbeerschnittchen

MIT EIERLIKÖRSAHNE

Johann: Eierlikör hatte ich viele Jahre lang vergessen. Bis Horst ihn in seine Nachtische mischte – besonders gern unter die Sahne. Eierlikör werde ich seitdem nie wieder vergessen. Und Horsts Eierlikörsahne möchte ich nicht mehr missen.

FÜR 4 PERSONEN

120 g Mehl
60 g Butter
30 g Zucker
1 Prise Salz

750 g Erdbeeren
100 g Gelierzucker 1:1

250 g Mascarpone
2 EL Zucker
Saft von ½ Zitrone
Mark von ½ Vanilleschote
200 g Sahne
2 EL Puderzucker
4–5 EL Eierlikör

Mehl zum Ausrollen
Minze zum Garnieren

Aus Mehl, Butter, Zucker, 1 Prise Salz und 1 Esslöffel Wasser einen glatten Mürbeteig kneten und 30 Minuten kalt stellen. Den Backofen auf 200° C Ober-/Unterhitze vorheizen.

Die Erdbeeren putzen, abbrausen und gut abtropfen lassen. 150 g Erdbeeren abwiegen und fein pürieren. Das Erdbeerpüree mit dem Gelierzucker in einem Topf verrühren und zum Kochen bringen, 3 Minuten kochen lassen. Vom Herd nehmen und beiseitestellen.

Den Mürbeteig auf einer bemehlten Arbeitsfläche ½ cm dick ausrollen und in 3 x 5 cm große Streifen schneiden. Die Teigstreifen auf einem mit Backpapier ausgelegten Backblech 15 Minuten backen. Herausnehmen und abkühlen lassen.

Die restlichen Erdbeeren halbieren bzw. vierteln und mit dem Erdbeermus verrühren. Mascarpone mit Zucker, Zitronensaft und Vanillemark cremig aufschlagen und in einen Spritzbeutel mit Sterntülle füllen. Einen Rand Mascarponecreme auf die Mürbeteigblätter aufspritzen. Die Erdbeeren darin verteilen und auf eine Platte setzen.

Die Sahne steif schlagen, Puderzucker zugeben und zuletzt den Eierlikör vorsichtig unterheben. Die Eierlikörsahne auf den Erdbeeren verteilen und mit den Minzeblättchen bestreuen.

GEKOCHT MIT SONYA KRAUS

Bananeneis

MIT EIERLIKÖR AUF BLUTORANGENSAUCE

Johann: Blättern Sie getrost ein Rezept zurück und lesen Sie meine Einleitung. Da ist nichts hinzuzufügen, und Sie werden bemerken, wie sehr ich Horsts Kochkunst verfallen bin.

FÜR 4 PERSONEN

4 Bananen
150 g Puderzucker
100 ml Eierlikör
250 g Sahne

2 Blutorangen
20 g Butter
2 EL Honig
100 ml Grand Marnier

Bananen schälen, in Scheiben schneiden und in einem tiefen Rührgefäß etwa 1 Stunde gefrieren lassen.

Anschließend Puderzucker und Eierlikör zugeben und alles mit dem Stabmixer gut durchmixen. Dabei langsam die Sahne zugeben, bis ein cremiges Eis entsteht. Die Masse noch einmal 30 Minuten gefrieren lassen.

Blutorangen schälen und filetieren. Butter in einer heißen Pfanne zerlassen, Orangenfilets und Honig dazugeben und kurz durchschwenken. Mit Grand Marnier ablöschen und etwas reduzieren.

Das Eis in Gläsern anrichten, die Sauce darübergeben und servieren.

GEKOCHT MIT HANS WERNER OLM

Apfel-Tarte-Tatin

MIT APFELMUSEIS

Johann: Tarte Tatin gehört für mich als Patissier, der in Frankreich gearbeitet hat, zum Standard. Man kann sagen, wenn diese Tarte gut wird, gibt es kaum einen besseren Kuchen. Aber Apfelmuseis? Eine typische Idee von Horst, die Geschmäcker seiner Vergangenheit ins Hier und Jetzt zu transportieren. Und das ist ihm vollkommen gelungen!

FÜR 4 PERSONEN

150 g Mehl • 75 g Butter
1 EL Puderzucker
1 Eigelb • Salz

3 Äpfel (z. B. Boskop)
1 EL Vanillezucker
Saft von ½ Zitrone
4 EL Zucker
60 g Butter

300 ml Milch • 50 g Zucker
4 Eigelb
100 g Sahne
300 g Apfelmus

Butter für die Förmchen
Puderzucker zum Bestäuben

GEKOCHT MIT ELEONORE WEISGERBER

Aus Mehl, Butter, Puderzucker, Eigelb, 1 Prise Salz und 1 Esslöffel Wasser einen Mürbeteig kneten. Abgedeckt im Kühlschrank kühl stellen.

Äpfel waschen, schälen, vierteln, entkernen und in Spalten schneiden. In einer Schüssel mit dem Vanillezucker und Zitronensaft mischen. Vier Tarteformen (ca. 12 cm Durchmesser) dick mit Butter einfetten. Zucker aufstreuen und mit den Apfelspalten belegen. Butter in Flöckchen auf den Äpfeln verteilen.

Den Backofen auf 200° C Ober-/Unterhitze vorheizen. Den Mürbeteig auf einer bemehlten Arbeitsfläche ausrollen und vier Kreise, jeweils 2 cm größer als die verwendeten Förmchen, ausstechen. Teigkreise auf die vorbereiteten Äpfel legen. Teig an den Rändern nach unten einschlagen, sodass die Äpfel gut umhüllt sind. 20–30 Minuten auf der mittleren Schiene backen.

Für das Eis die Milch mit dem Zucker aufkochen. Eigelbe in einer Schüssel verrühren. Heiße Milch langsam und unter Rühren zugeben. Die Schüssel auf ein heißes Wasserbad stellen und die Masse unter Rühren erwärmen, bis eine cremige Bindung entstanden ist. Vom Wasserbad nehmen und durch ein Sieb gießen. Sahne und Apfelmus unterrühren und in einer Eismaschine cremig gefrieren lassen.

Die Tartes aus den Förmchen auf Dessertteller stürzen und mit je 1 Kugel Apfelmuseis servieren. Mit Puderzucker bestäuben.

TANTE ANNAS
beschwipster Apfelkuchen

Johann: Tanta Anna muss eine sehr, sehr gute Köchin gewesen sein, denn ihr, typisch Horst, beschwipster Apfelkuchen ist wirklich großartig. Und es spricht für Horst, die Überlieferungen seiner Familie so zu hegen und pflegen, dass sie Generationen später noch zubereitet werden.

FÜR 4 PERSONEN

200 g kalte Butter
500 g Instant-Mehl
200 g Zucker
3 Eier
1 Päckchen Vanillezucker
75 g saure Sahne
4 cl Calvados
Abrieb von 1 Bio-Zitrone

1 kg säuerliche Äpfel
50 g Zucker
100 g gehackte Mandeln
2 cl Calvados

Butter für die Springform (Ø 26 cm)
Mehl zum Ausrollen

Die Butter in kleine Stücke schneiden, mit Mehl, Zucker, Eiern, Vanillezucker, saurer Sahne, 2 cl Calvados und Zitronenabrieb zu einem glatten Teig verkneten. Den Teig abdecken und kühl stellen.

Die Äpfel waschen, schälen, Kerngehäuse ausschneiden und in Stücke schneiden. Die Apfelstücke mit dem Zucker und 50 ml Wasser weich dünsten. Anschließend abgießen und abkühlen lassen.

Den Backofen auf 200° C Ober-/Unterhitze vorheizen. Eine Springform mit Butter ausfetten. Die Hälfte des Teigs auf der bemehlten Arbeitsfläche ausrollen, in die Form legen und die Ränder an den Seiten hochziehen. Die abgetropften Äpfel, Mandeln und den restlichen Calvados darauf verteilen. Die zweite Hälfte des Teigs ebenfalls ausrollen und darüberlegen, gut andrücken.

Den Kuchen 30–40 Minuten im Ofen backen.

„Zwei Stücke davon, und du bist sternhagelvoll!"

Pfannekuchen

MIT HEISSEN KIRSCHEN UND ZIMTSIRUP

Johann: Welches kleine Kind hat nicht irgendwann einmal von seiner Großmutter einen Pfannkuchen zubereitet bekommen und allein deswegen die besten Erinnerungen an seine Kindheit und eben auch an seine Großmutter? Bei mir ist es auf jeden Fall so, dass nie wieder ein Pfannkuchen so gut schmeckte wie der von meiner Oma. Wobei dieser schon verdammt dicht rankam.

FÜR 4 PERSONEN

220 g Mehl
1 EL Vanillezucker
3 EL Speisestärke
2 gestr. TL Backpulver
3 Eier
½ TL Salz
2 EL Zucker
½ l Milch
1 EL Butterschmalz

Mehl, Vanillezucker, Speisestärke und Backpulver in einer Schüssel mischen. Eier trennen. Das Eiweiß mit dem Salz zu steifem Schnee schlagen. Eigelbe mit dem Zucker und der Milch verquirlen und unter das Mehl rühren. Zuletzt den Eischnee unterheben.

Etwas Butterschmalz in einer Pfanne zerlassen. Den Teig portionsweise zugeben und goldbraune Pfannekuchen ausbacken. Auf eine Platte legen und warm halten. Wie beschrieben fortfahren, bis der Teig aufgebraucht ist.

1 Glas Sauerkirschen
50 g Zucker
1 TL Zimt
½ Vanilleschote
200 g Sahne
2 EL Puderzucker

Kirschen in einem Sieb abgießen, den Saft auffangen. Kirschsaft mit Zucker, Zimt und der aufgeschnittenen Vanilleschote in einen Topf geben und aufkochen. Bei mittlerer Hitze köcheln lassen, bis der Sud sirupartig eingekocht ist. Die Kirschen untermischen und beiseitestellen.

Sahne halbsteif schlagen. Puderzucker dazugeben und mitschlagen. Die Pfannekuchen mit den heißen Kirschen anrichten, jeweils mit einem Schlag Sahne bedecken und mit Minze garnieren.

2–3 Zweige Minze zum Garnieren

„Der Pfannekuchen ist ja die Schallplatte unter den Süßspeisen. Wenn die erste Seite fertig ist, heißt es: Bitte wenden!“

GEKOCHT MIT JÜRGEN BECKER

Schokoladen-Rum-Törtchen

MIT TROCKENPFLAUMENKOMPOTT

Johann: Da ist er wieder, der Hochprozentige im Nachtisch des Horst Lichter. Schokolade und Pflaume passen ebenso gut zusammen, wie Rum und Pflaume. Und da Schokolade und Rum ebenso gut zusammenpassen, passt hier einfach alles zusammen.

FÜR 4 PERSONEN

50 g Zartbitterschokolade
125 g Butter
3 Eier
100 g Zucker
125 g Mehl
2 TL Backpulver
1 EL Backkakao

2 EL Vanillezucker
3 cl brauner Rum

200 g Trockenpflaumen
30 g Zucker
200 ml Rotwein

Puderzucker zum Bestäuben

Den Backofen auf 180° C Umluft vorheizen.

Schokolade und Butter in einer Schüssel über einem heißen Wasserbad schmelzen. Eier und Zucker in eine Schüssel geben und mindestens 5 Minuten schaumig schlagen. Die Schokolade-Butter-Mischung dazugeben und unterrühren. Mehl, Backpulver und Kakao sieben und unterheben. Vier kleine Gugelhupfförmchen (Ø ca. 10 cm) ausfetten und den Teig hineingeben. 20–25 Minuten im Ofen backen.

Vanillezucker mit 2 EL Wasser aufkochen, vom Herd nehmen und den Rum unterrühren.

Trockenpflaumen mit Zucker und Rotwein in einem Topf aufkochen. Bei mittlerer Hitze leise köcheln lassen, bis die Flüssigkeit fast vollständig verkocht ist.

Die Törtchen aus dem Ofen nehmen, vorsichtig aus den Formen lösen und auf Dessertteller setzen. Noch warm mit der Rummischung beträufeln. Mit den Pflaumen anrichten und mit Puderzucker bestäuben.

GEKOCHT MIT MICHAEL MENDL

„Ein Esslöffel davon, und du darfst nicht mehr selber fahren!“

NEW YORK

Cheesecake-Muffins

Johann: Steven Gätjen ist ja in den USA geboren und somit mit den typischen US-Spezialitäten wie diesem Cheesecake aufgewachsen. Dass er begeistert war, spricht für sich.

FÜR 4 PERSONEN

120 g Haferkekse
Meersalzflocken
40 g weiche Butter

350 g Doppelrahmfrischkäse
80 g Crème double
40 g Zucker
1 EL echter Vanillezucker
2 Eier

500 g TK-Heidelbeeren
2–3 EL Honig • 2 cl Obstler

12 Muffinbecher aus Pappe

Haferkekse in einem Gefrierbeutel zerbröseln und mit 1 Prise Salzflocken Salz und der Butter vermischen. Die Keksmischung auf die Muffinbecher verteilen und andrücken. Muffinbecher auf ein Backblech stellen. Den Backofen auf 160° Ober-/Unterhitze vorheizen.

Doppelrahmfrischkäse, Crème double, Zucker und Vanillezucker in eine Schüssel geben. Eier dazufügen und mit dem Schneebesen glatt rühren. Die Masse in die Becher verteilen. Die Muffins etwa 40 Minuten im Ofen backen. Sie sind fertig, wenn die Masse innen noch wackelt. Muffins kalt stellen, bis sie gut durchgekühlt sind, am besten über Nacht.

Für die Sauce die Heidelbeeren auftauen lassen. Zusammen mit dem Honig und dem Schnaps kurz pürieren, anschließend durch ein Sieb streichen.

Die Muffins aus den Pappbechern nehmen und zusammen mit der Heidelbeersauce servieren.

Marmorküchlein

MIT NOUGATMASCARPONE

Johann: Hubertus Meyer-Burckhardt ist immer einer unserer liebsten Gäste gewesen. Ein Genießer auf der einen Seite, ein kritischer Geist auf der anderen. Ein intelligenter Wortzauberer, bei dem mein lieber Horst bis heute nicht ganz verstanden hat, was Vorname ist und was Nachname.

FÜR 4 PERSONEN

100 g Nougat
30 g flüssige Butter zum Einfetten

80 g Zucker • 1 EL Vanillezucker
Salz • 100 g Butter
4 Eier • 200 g Mehl
1 TL Backpulver
2 EL Kakaopulver
150 g Mascarpone
12 Himbeeren
12 Minzeblättchen

1 Silikonmatte für 12 Mini-Guglhupfe
Puderzucker zum Bestreuen

Den Nougat ins Gefrierfach legen. Die Mulden der Silikonmatte mit der flüssigen Butter bestreichen und auf das Ofengitter stellen. Den Backofen auf 180° C Ober-/Unterhitze vorheizen.

Zucker, Vanillezucker, 1 Prise Salz und Butter in einer Schüssel schaumig rühren. Die Eier einzeln zugeben und jeweils ½ Minute unterrühren. Mehl mit Backpulver mischen und über die Ei-Zucker-Mischung sieben. Alles gut verrühren.

Die Hälfte des Teigs in einen Spritzbeutel mit kleiner Lochtülle füllen und in die Silikonmulden spritzen. Den restlichen Teig mit dem Kakaopulver verrühren. Den dunklen Teig ebenso in den Spritzbeutel füllen und auf den hellen Teig spritzen. Den Teig mit einem Löffelstiel marmorieren. Die Küchlein 15–18 Minuten backen. Stäbchenprobe machen. Küchlein kurz in der Form abkühlen lassen, dann aus den Mulden drücken und auf einem Gitter abkühlen lassen.

Den Mascarpone schaumig aufschlagen. Den Nougat hineinraspeln und unterheben. Die Creme in einen Spritzbeutel mit Sterntülle füllen und auf die abgekühlten Küchlein dressieren. Mit je 1 Himbeere und 1 Minzeblatt dekorieren und zuletzt mit Puderzucker bestäuben. Die Küchlein auf einer Platte anrichten.

„Ach Burkhard, du hast echt Geschmack!“

GEKOCHT MIT HUBERTUS MEYER-BURCKHARDT

sagen: Noch nie hat ein Lafer-Rezept besser geschmeckt als an dem Tag.

Horst: Das ist sehr nett von dir, Johann, aber ich muss auch sagen, dass ich weiß, woher ich komme, und weiß, von welchen Größen unserer Zunft ich in all den Jahren lernen konnte.

Johann: Die Sendung läuft ja darauf hinaus, dass wir beide vier Gerichte am Ende auf unserem Esstisch, an dem wir mit unseren beiden Gästen sitzen, stehen haben.

Horst: Was die Wenigsten wissen: Auch wenn wir es den Zuschauern ein wenig so vorspielen – keiner von uns vieren darf am Ende der Sendung irgendein Gericht probieren.

Johann: Das liegt daran, dass erst mal Fotografen ins Studio kommen, die alles fotografieren müssen.

Horst: Manchen Promis fällt das schwer, und manchmal ist es vorgekommen, dass ein Promi gesagt hat, dass das Essen doch bitte nach den Fotos zu ihm gebracht werden möge, damit er es endlich essen kann, egal wie kalt es dann sei.

Johann: Manche Promis lassen sich auch hinterher noch einmal genau erklären, wie das Rezept zubereitet wird, weil sie es nachkochen wollen.

Horst: Und dann bekommt der jeweilige Promi die *Lafer! Lichter! Lecker!*-Schürze, die er in der Sendung getragen hat, geschenkt …

Johann: Das hört sich vielleicht albern an, aber die Freude darüber ist groß, denn – ob sie es glauben, oder nicht – es gibt Tausende von Anfragen, ob die Schürzen zu kaufen seien.

Horst: Sind sie aber nicht. Das ZDF wäre vielleicht der reichste Sender Europas, wenn er die Dinger verkaufen würde … (lacht)

Johann: Sie sehen, eine Fernseh-Kochshow zu machen ist viel komplexer, als man denkt.

Horst: Aber auch viel schöner, als man denkt.

Johann: Ich möchte jedem Zuschauer, der auch nur eine Sendeminute von uns gesehen hat, danken.

Horst: Und jedem einzelnen Mitarbeiter, der an der Produktion der Sendung beteiligt war.

Johann: Jedem Spüler, der das ganze Chaos wieder sauber gemacht hat.

Horst: Jeder Kollegin und jedem Kollegen aus der Requisite, allen voran Anette und Beke.

Johann: Dem Team der fantastischen Fernsehmacher. Markus, Bent, Verena, Kim, Kyra, Ven, Sven, Anna & Anna, Wiebke, Gemma, Benni, Caro, Oranna, Vanessa, Tünnes, Stefan, Claudius, Isabell, Kathi, Lisa, Tanja, Eike, Karen, Steffi, Nicole, unserem Pressemann Sven, dem Team um Sonja und Alicja sowie der Maske, vor allem Maskenmann Albin, der aus Zombies Elfen machen kann, den Mädels vom Styling und unserer lieben Susi, dem Siggi, Arne und Marcus, die schon immer eine unglaublich große Hilfe waren. Habt Nachsicht, wenn wir jemanden vergessen haben.

Horst: Dem Team unseres wundervollen Senders ZDF, und danke an das geschenkte Vertrauen und die Freude, den großen Spaß all die Jahre zu teilen. Besonders dir, Eva Wahler, besser bekannt als ZDF-Ewwa, forewwa and ewaa! Und auch allen Regisseuren, besonders Volker, Knut, Frank, und den Kameramännern. Und dem Team des Callwey Verlags!

Johann: Die Sendung *Lafer! Lichter! Lecker!*, die wir nunmehr zehn Jahre im ZDF machen, ist ein so wundervolles Baby, das nun ein Teenager geworden ist, ...

Horst: ... dass wir stolz sind auf jede einzelne Sendeminute ...

Johann: ... und glücklich über dieses wundervolle Buch.

Horst: Wir grüßen Sie herzlich.

Johann: Und voller Freude, dass Sie sich für unsere Sendung und unsere Rezepte interessieren.

Ihre

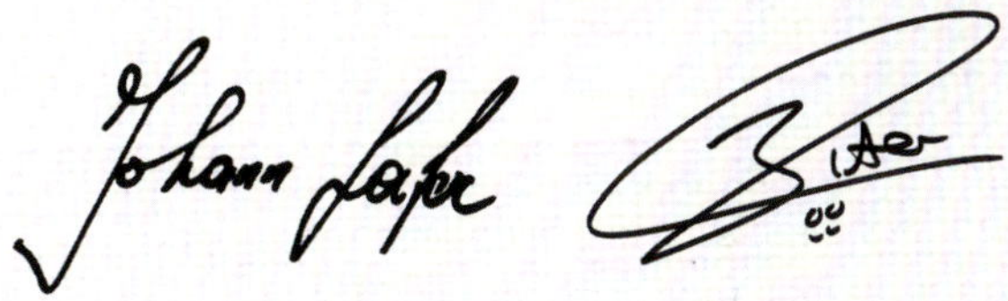

Register

A

Apfel-Avocado-Tatar mit lauwarm gebeiztm Forellenfilet 25
Apfel-Tarte-Tatin mit Apfelmuseis 176
Apfelkuchen, Tante Annas beschwipster 177

B

Backhendl von der Maispoularde auf Kürbispüree und mariniertem Feldsalat 82
Bananeneis mit Eierlikör auf Blutorangensauce 174
Basilikummousse mit Erdbeeren und Holundersorbet im Glas 157
Bauchspeck & Gemüsepäckchen mit zweierlei Dip 141
Bohnen-Apfel-Gemüse mit Bratwurst 110
Buletten, gefüllte, mit Bratkartoffeln und Gurkensalat 146

C

Champignons, gefüllte, mit knusprigem Parmaschinken 37
Curryschaumsuppe mit gebackenen Jakobsmuscheln 24

E

Erdbeerschnittchen mit Eierlikörsahne 173
Espressosteak mit Zuckerkarotten und Safran-Hollandaise 123

F

Fächerhähnchen mit Tomate und Mozzarella und Basilikumnudeln 102

Fisch

Fisch, gedünsteter, mit Senfsauce, Kartoffeln und Endiviensalat 74
Forelle aus dem Ofen mit Kartoffelstampf und Mandelbrokkoli 70
Forellenfilet, Apfel-Avocado-Tatar mit lauwarm gebeiztem 25
Forellenfilets, gebratene auf Schmorgurken und Bratkartoffeln 69
Heilbutt, aromen-gedämpfter, auf asiatischem Wokgemüse 57
Heilbuttcarpaccio, süßsauer mariniertes, mit Gewürztomaten und Currygrissini 22
Kabeljau, im Ofen gebackener, mit grünen Bohnen und Zitronenreis 76
Kabeljau mit Bohnenragout und Bulgursalat 75
Kabeljau, sanft gegarter, mit grün-weißer Petersilie und Wasabischaum 60
Kokos-Thaicurry mit Seeteufel und gebratenem Basmatireis 132
Lachs, auf Kräutertee gedämpfter, mit gedünsteten Gurkennudeln 58
Lachscreme auf Röstbaguette mit Radicchio-Orangen-Salat 41
Lachsfilet auf Rahmschwarzwurzeln und Wildreis 66
Lachsfilet mit Spinathaube und Kartoffel-Erbsen-Stampf 68
Loup de mer in der Salzkruste mit Orangen-Chili-Polenta 130
Räucherlachs, Zucchinipuffer mit 40
Scholle mit Speckwürfeln und Endiviensalat in Kartoffeldressing 150
Seezunge, Saté von der, auf Mango-Rettich-Salat mit Limetten-Vanille-Vinaigrette 26
Thunfischröllchen, gefüllte, mit Thai-Mango, Gurke und Soja-Ahorn-Dip 129
Zanderfilet im Speckmantel mit Kohlrabigemüse und Kartöffelchen 73

Forelle aus dem Ofen mit Kartoffelstampf und Mandelbrokkoli 70
Forellenfilet, Apfel-Avocado-Tatar mit lauwarm gebeiztem 25
Forellenfilets, gebratene, auf Schmorgurken und Bratkartoffeln 69
Frucht-Tartelettes 161

G

Garnelen-Hähnchen-Bällchen im Aromasud mit Basmati-Koriander-Reis 128
Garnelenpfanne, mediterrane, mit Rosmarinkartoffeln 79
Geflügel
- Backhendl von der Maispoularde auf Kürbispüree und mariniertem Feldsalat 82
- Fächerhähnchen mit Tomate und Mozzarella und Basilikumnudeln 102
- Garnelen-Hähnchen-Bällchen im Aromasud mit Basmati-Koriander-Reis 128
- Poulardenbrust, in Thymianöl pochierte, mit Haselnusswirsing und Petersilienwurzelpüree 48
- Putenchili im Brotlaib serviert mit Sauerrahm 137
- Putenspieße, gebratene, mit Gemüserisotto 101
- Speckhähnchen mit Kartoffelstampf und frischem Krautsalat 104
- Whisky-Grillhähnchen mit Spaghettisalat 138

Glasnudelsuppe, japanische, mit Entrecôte 122
Gnocchi-Mangold-Pfanne mit Seelachs 64
Grüner Spargel-Nudel-Salat mit Chorizochips 34

H

Heilbutt, aromen-gedämpfter, auf asiatischem Wokgemüse 57
Heilbuttcarpaccio, süßsauer mariniertes, mit Gewürztomaten und Currygrissini 22
Herrencreme à la Horst 170

I

Ingwer-Zitronengras-Crème-brulée mit Erdbeersalat 158

K

Kabeljau, im Ofen gebackener, mit grünen Bohnen und Zitronenreis 76
Kabeljau mit Bohnenragout und Bulgursalat 75
Kabeljau, sanft gegarter, mit grün-weißer Petersilie und Wasabischaum 60
Kaiserschmarrn à la Johann Lafer 162
Kalb
- Kalbsbäckchen, geschmorte, mit Steinpilzknödeln und Wirsing 84
- Kalbsfilet, asiatisch mariniertes, mit Pflaumenweinsauce, japanischen Udon-Nudeln und asiatischem Salat 118
- Kalbsrahmgeschnetzeltes auf Kartoffel-Spargel-Rösti und Gurken-Radieschen-Salat 86
- Kalbsröllchen mit Bohnengemüse und Kartoffelstampf 105
- Vitello tonnato einmal anders 18
- Wiener Schnitzel mit Kürbis-Bratkartoffeln und steirischem Gurkensalat 87

Kalbsbäckchen, geschmorte, mit Steinpilzknödeln und Wirsing 84
Kalbsfilet, asiatisch mariniertes, mit Pflaumenweinsauce, japanischen Udon-Nudeln und asiatischem Salat 118
Kalbsrahmgeschnetzeltes auf Kartoffel-Spargel-Rösti und Gurken-Radieschen-Salat 86
Kalbsröllchen mit Bohnengemüse und Kartoffelstampf 105
Kartoffel-Rettich-Salat mit gebratenen Garnelen 43
Kartoffel-Steinpilz-Suppe mit Wachtelbrust und Walnusscroûtons 17
Kartoffelsuppe mit Käse-Röstbrot 32
Kokos-Thaicurry mit Seeteufel und gebratenem Basmatireis 132
Königsberger Klopse mit Butterkartöffelchen (ohne Kapern) 144
Krabbensalat im Gurkenbecher mit Dillmayo 148

L

Lachs, auf Kräutertee gedämpfter, mit gedünsteten Gurkennudeln 58
Lachscreme auf Röstbaguette mit Radicchio-Orangen-Salat 41
Lachsfilet auf Rahmschwarzwurzeln und Wildreis 66
Lachsfilet mit Spinathaube und Kartoffel-Erbsen-Stampf 68
Lamm
Lammkarree mit mediterranem Gemüse 114
Tandoori-Lammrückenfilet mit Basmati-Gewürzreis und geschmortem Ingwerspitzkohl 126
Lauchsuppe mit Schinken-Blätterteig-Stangen 39
Linsensalat mit Ziegenfrischkäse und Granatapfel 14
Loup de mer in der Salzkruste mit Orangen-Chili-Polenta 130

M/N

Mangold-Blätterteig-Schnitten, gebackene mit Bergkäse 30
Mangold-Hackfleisch-Päckchen auf Rahmspätzle 112
Marmorküchlein mit Nougatmascarpone 182
Meeresfrüchte
Curryschaumsuppe mit gebackenen Jakobsmuscheln 24
Garnelen-Hähnchen-Bällchen im Aromasud mit Basmati-Koriander-Reis 128
Garnelenpfanne, mediterrane, mit Rosmarinkartoffeln 79
Krabbensalat im Gurkenbecher mit Dillmayo 148
Möhreneintopf, rheinischer 140
Mokka-Haselnuss-Soufflé mit Nougatsauce 166
New York Cheesecake-Muffins 181

O/P

Ochsenbeinscheiben, geschmorte, mit Steckrübenpüree und Rosmarinbirnen 94
Parfait von Orangenthymian und Amarettini mit Himbeeren 154
Pfannekuchen mit heißen Kirschen und Zimtsirup 178
Pilze
Champignons, gefüllte, mit knusprigem Parmaschinken 37
Kartoffel-Steinpilz-Suppe mit Wachtelbrust und Walnusscroûtons 17
Pilz-Maultaschen im Kräuter-Kartoffel-Sud 88
Rehravioli in Steinpilzschaum mit geschmorter Zwiebelsalsa 56
Steinpilzknödeln, geschmorte Kalbsbäckchen mit Wirsing und 84
Waldpilz-Crêpe-Röllchen, Wildessenz mit 21
Poulardenbrust, in Thymianöl pochierte, mit Haselnusswirsing und Petersilienwurzelpüree 48
Putenchili im Brotlaib serviert mit Sauerrahm 137
Putenspieße, gebratene mit Gemüserisotto 101

R

Radieschen-Wurst-Salat mit Eidressing 36
Rehravioli in Steinpilzschaum mit geschmorter Zwiebelsalsa 56
Rehrücken à la bourguignon mit Maronenknödeln und Rosenkohlsalat 96
Rhabarber-Consommé mit Erdbeer-Joghurt-Eis 156
Ribeye, gegrilltes, mit Ingwer-Hoisin-Lack, geschmorten Artischocken und lila Kartoffeln 124
Rind
Espressosteak mit Zuckerkarotten und Safran-Hollandaise 123
Glasnudelsuppe, japanische, mit Entrecôte 122
Mangold-Hackfleisch-Päckchen auf Rahmspätzle 112
Ochsenbeinscheiben, geschmorte, mit Steckrübenpüree und Rosmarinbirnen 94
Ribeye, gegrilltes, mit Ingwer-Hoisin-Lack, geschmorten Artischocken und lila Kartoffeln 124
Rinderfilet, pochiertes, auf warmem Gemüsesalat 54
Rinderfilet und Kartoffeln mit Spargelpesto und Sauce béarnaise 92
Rindersteak, gratiniertes, mit Buttermöhrchen und Schupfnudeln 111
Rindersteaks mit Kräuterbutter und Farfalle 147

Rindertatar mit Wachtelspiegelei und Brotchips 20
Roastbeef mit Sauce tartare und Kartoffel-Gurken-Salat 93
Steakburger, saftiger, à la Horst 143
Tafelspitz, Wiener, mit Apfelkren, Rahmspinat und Bouillonkartoffeln 90
Rinderfilet, pochiertes, auf warmem Gemüsesalat 54
Rindersteak, gratiniertes, mit Buttermöhrchen und Schupfnudeln 111
Rindersteaks mit Kräuterbutter und Farfalle 147
Rindertatar mit Wachtelspiegelei und Brotchips 20
Roastbeef mit Sauce tartare und Kartoffel-Gurken-Salat 93
Rote-Bete-Ravioli in Meerrettichsauce und Speck-Zwiebel-Schmelze 51

S

Schokoladen-Rum-Törtchen mit Trockenpflaumenkompott 180
Schokoladentarte, warme, mit Ananaskompott und Kokoseis 165
Scholle mit Speckwürfeln und Endiviensalat in Kartoffeldressing 150
Schwarzwaldbecher 172
Schwarzwurzelschaum mit Haselnussöl und Bergkäseröllchen 46

Schwein
Bauchspeck & Gemüsepäckchen mit zweierlei Dip 141
Schweinebauch, asiatischer, mit Zitruskarotten und karamellisierten Chilimaronen 120
Schweinefilets, mit Schafskäse gefüllte, auf Süßkartoffel-Zwiebel-Püree 108
Schweinemedaillons, mit Backobst gefüllte, auf Kartoffel-Wirsing-Gemüse 106
Schweinebauch, asiatischer, mit Zitruskarotten und karamellisierten Chilimaronen 120
Schweinefilets, mit Schafskäse gefüllte auf Süßkartoffel-Zwiebel-Püree 108
Schweinemedaillons, mit Backobst gefüllte, auf Kartoffel-Wirsing-Gemüse 106
Seezunge, Saté von der, auf Mango-Rettich-Salat mit Limetten-Vanille-Vinaigrette 26
Steakburger, saftiger, à la Horst 143
Speckhähnchen mit Kartoffelstampf und frischem Krautsalat 104
Spitzkohlrouladen mit Couscous und Kokosschaum 50
Süßsauer mariniertes Heilbuttcarpaccio mit Gewürztomaten und Currygrissini 22

T

Tafelspitz, Wiener, mit Apfelkren, Rahmspinat und Bouillonkartoffeln 90
Taleggioröllchen auf Fenchel-Zwiebel-Chutney 16
Tandoori-Lammrückenfilet mit Basmati-Gewürzreis und geschmortem Ingwerspitzkohl 126
Thunfischröllchen, gefüllte, mit Thai-Mango, Gurke und Soja-Ahorn-Dip 129
Topfenknödel mit Rhabarber und Tonkabohnen-Sabayon 160
Tortellini mit Parmaschinken in Tomaten-Salbei-Butter 52

V/W

Vitello tonnato einmal anders 18
Whisky-Grillhähnchen mit Spaghettisalat 138
Wiener Schnitzel mit Kürbis-Bratkartoffeln und steirischem Gurkensalat 87

Wild
Rehravioli in Steinpilzschaum mit geschmorter Zwiebelsalsa 56
Rehrücken à la bourguignon mit Maronenknödeln und Rosenkohlsalat 96
Wildessenz mit Waldpilz-Crêpe-Röllchen 21

Z

Zanderfilet im Speckmantel mit Kohlrabigemüse und Kartöffelchen 73
Ziegenkäse, gebratener, mit Frühlingsgemüse 33
Zitronen-Brombeer-Tarte mit Rosmarinbaiser 164
Zucchinipuffer mit Räucherlachs 40

Bildnachweis

Die Rezeptfotografie wurde exklusiv für dieses Buch produziert. Die Rechteinhaber der Personenporträts sind wie folgt:

© ZDF/Ulrich Perrey: Seite 4, 6, 8, 10 oben links, 10 oben rechts, 10 Mitte rechts, 10 unten, 11 oben links, 11 oben rechts, 11 unten links, 11 unten rechts, 12, 14, 16, 20, 21, 23 unten links, 24, 28, 31 unten links, 32, 33, 36, 37, 39, 40, 41, 46, 49 unten links, 50, 51, 53 unten links, 54, 56, 59 unten links, 61 oben, 62, 64, 66 unten rechts, 68, 69, 73, 74, 75, 77 oben links, 79, 80, 84, 86, 87, 95 oben links, 97 unten links, 98, 104, 105, 106, 110, 116, 121 unten links, 127 oben rechts, 134, 136 oben rechts, 138, 140, 145 unten links, 147, 150, 152, 155, 156, 157, 158, 160, 161, 162, 164, 168, 171 oben rechts, 172, 173, 176, 177, 179 unten links, 183 unten links, 185, 186 links, 186 rechts; © ZDF/Gunnar Nicolaus: Seite 10 Mitte links, 44, 93, 108, 128, 146, 165, 180; © ZDF/Norman Kalle: Seite 42 oben rechts, 57, 142 unten links; © ZDF/Oliver Fantitsch: Seite 11 Mitte, 25, 92, 129, 187; © ZDF/Christian Charisius: Seite 89 oben links, 175 unten rechts; © ZDF/Uschi Burger-Precht: Seite 114, 123, 131 unten links, 141, 184

Alle Illustrationen basieren auf Fotos von © ZDF/Ulrich Perrey

---

Impressum

© 2016 Verlag Georg D.W. Callwey GmbH & Co. KG
Streitfeldstraße 35
D-81673 München
www.callwey.de
buch@callwey.de

Bibliografische Information der Deutschen Nationalbibliothek: Die Deutsche Nationalbibliothek verzeichnet diese Publikation in der Deutschen Nationalbibliografie; detaillierte bibliografische Daten sind im Internet über http://dnb.d-nb.de abrufbar.

ISBN 978-3-7667-2256-0

Gesamtidee Lafer! Lichter! Lecker!: *Markus Heidemanns*
Redaktion Lafer! Lichter! Lecker!: *Kyra Schaper*
Texte: in Zusammenarbeit mit Christian Löwendorf

Projektleitung: Anne-Sophie Zähringer
Lektorat: bookwise medienproduktion GmbH, München
Umschlaggestaltung, Innenlayout und Satz:
Anna Schlecker, München

Umschlagfoto vorn: © ZDF/Ulrich Perrey; Umschlagfotos hinten: © ZDF/Ulrich Perrey: oben links, Mitte; © Daniel Esswein/Hubertus Tzschirner: Hintergrundbild, unten links, unten rechts
Rezeptfotografie: Daniel Esswein, www.danielesswein.com
Foodstyling: Hubertus Tzschirner, www.esskunst.eu

Druck und Bindung: Mohn Media Mohndruck GmbH, Gütersloh

Printed in Germany

Die Kochshow Lafer! Lichter! Lecker! *ist eine Produktion der „Fernsehmacher" für das Zweite Deutsche Fernsehen.*

Lizenz durch: ZDF Enterprises GmbH